Noahs vergessene Gefährten

Rainer Hagencord

Noahs vergessene Gefährten

Ein zerrüttetes Verhältnis heilen

Matthias-Grünewald-Verlag

 Der Matthias-Grünewald-Verlag
ist Mitglied
der Verlagsgruppe engagement

Alle Rechte vorbehalten
© 2010 Matthias-Grünewald-Verlag der Schwabenverlag AG, Ostfildern
www.gruenewaldverlag.de

Umschlaggestaltung: Finken & Bumiller, Stuttgart
Umschlagabbildungen: photocase.de © Frank Erler/dexter; photocase.de
© joerg krumm/akai; Fotografie Rainer Hagencord: © Oliver Tjaden
Gesamtherstellung: Matthias-Grünewald-Verlag, Ostfildern
Hergestellt in Deutschland

ISBN 978-3-7867-2835-1

Inhalt

Einführung

Auf der Arche hätten sie womöglich in der gleichen Abteilung auf den Neubeginn gewartet: Pferd und Esel. Denn innerhalb der Ordnung der *Unpaarhufer* gehören sie beide zur Unterordnung der *Pferdeartigen*. Und von beiden könnte Noah sicher ein besonderes Lied singen.

Von einem besonderen Pferd, dem »klugen Hans«, und einem besonderen Esel, der Eselin des Sehers Bileam, soll in diesem Büchlein die Rede sein. Denn beide sind weit mehr als nur Vertreter der Gattung der Pferdeartigen, die als Last- und Nutztiere aus der Kulturgeschichte des Menschen nicht wegzudenken sind. Der kluge Hans hat ein Stück Wissenschaftsgeschichte geschrieben, die Eselin Bileams spielt eine besondere Rolle in einer der schönsten Legenden des Ersten Testamentes. Und darum stehen sie beide – stellvertretend für viele andere Tiere – als Beispiele für die Lern- und Erkenntnismöglichkeiten, die Tiere haben. Und sie helfen, das Verhältnis von Mensch und Tier genauer zu beleuchten.

Hätte René Descartes die beiden gekannt, die europäische Denkgeschichte wäre vielleicht völlig anders verlaufen. Denn dass
Tiere »seelenlose Automaten« sind, das wäre Descartes dann sicher nicht in den Sinn gekommen; und dass Gott einer ist, den
allein der Mensch mittels seines Denkens erreichen kann, das
wäre ihm absurd vorgekommen. Doch so führt leider eine breite
Spur von der aktuellen ökologischen Katastrophe einerseits und
einer oftmals belanglosen Gottesrede andererseits zu diesem
großen Denker des 17. Jahrhunderts zurück: »Jeder Irrtum über
die Geschöpfe mündet in ein falsches Wissen über den Schöpfer
und führt den Geist des Menschen von Gott fort« – schreibt der
Kirchenlehrer Thomas von Aquin. Descartes' Irrtum über die
Geschöpfe ermöglichte eine furchtbare Selbstüberschätzung des
Menschen, die anderem Leben keinen Raum und Wert lassen
kann. Und Gott macht das kartesische Denken letztlich zu einem
leidenschaftslosen Mechaniker, der die Welt in klugen Abläufen
so geordnet hat, dass sie wie ein Uhrwerk läuft.

Im Ringen um eine fundierte Theologie und stimmige Spiritualität kommt es darum darauf an, sich möglichst intensiv auch
mit den Tieren zu beschäftigen. Und hier wird schon deutlich,
wie hilfreich die Hermeneutik des heiligen Thomas ist: Werden
Tiere – wie bei Descartes – zu »seelenlosen Automaten«, so wird
auch aus Gott ein intelligenter, aber kalter Mechaniker, der die
Welt in Mechanismen geordnet hat, die keiner besonderen Fürsorge bedürfen. Der Mensch ist Gott am nächsten, da er von allen
Geschöpfen durch seinen Verstand und seine Intelligenz am
meisten Einsicht in die Abläufe der Natur gewinnen kann. Je
weiter er sich von der mechanisch verstandenen Welt abgrenzt,
desto näher kommt er Gott. Sehen wir unsere Mitgeschöpfe hingegen als zutiefst beseelt an, erscheint Gott als »Liebhaber des

Lebens«, die menschliche Spiritualität wird naturverbunden und politisch relevant. Denn sie fordert eine Solidarität mit allem, was lebt. Und dann erscheint es so, dass heutige Theologie irrt, wenn sie über die Tiere schweigt und ihnen damit Irrelevanz attestiert.

Dieses Buch geht aus von der These, dass nur im Rahmen einer theologischen Würdigung der Tiere der »Geist des Menschen« wieder kraftvoller zum Schöpfer alles Lebendigen führt. Denn nach Genesis 9,16 gedenkt Gott seines Bundes mit »allen Wesen aus Fleisch auf der Erde« immer, wenn der Regenbogen in den Wolken steht. Eine Theologie und in der Folge eine Gemeinschaft von Glaubenden, die die »Dritten im Bunde« – nämlich die Tiere – mehr und mehr ausgeschlossen hat, muss sich nicht wundern, wenn sie bedeutungslos wird. Es kann für sie nur einen Gewinn an Überzeugungskraft und Relevanz mit sich bringen, wenn sie, wie einst Noah, alle (!) mit ins Boot zu nehmen versucht und – wo es noch geht – rettet.

Innerhalb einer solchen theologischen Zoologie braucht es einen transdisziplinären Zugang, in dem aktuelle verhaltensbiologische Daten und theologische Denkfiguren zusammenkommen. Ein Dialog also zwischen dem »klugen Hans«, dessen Denkleistung für Verhaltensbiologen beachtlich ist, und der Eselin des Propheten Bileam, deren mystische Begabung uns Glaubende neidisch machen könnte.

Vom verhängnisvollen Irrtum über die Mitgeschöpfe des Menschen, dessen Folgen unübersehbar sind, soll die Rede sein. Danach soll es um die Frage gehen, ob tatsächlich ausschließlich dem Menschen das Privileg zukommt, denken zu können. Welche Folgen eine neue Sicht auf die Tiere für Ethik und Zusammenleben auf der einen Welt hat, wird ebenso Thema sein wie die Wertschätzung, die den Tieren innerhalb der biblischen Tradition zuteil wird. Die Konsequenzen dessen für die Mensch-Tier-Gott-Verhältnisbestimmung müssen sich daran messen lassen.

Mensch und Tier –
seit jeher in Beziehung

Eine neue Zeit

Im Jahr 1977 sandte die NASA mit dem Satelliten Voyager eine Bildplatte ins All, unter anderem mit dem Ziel, möglichen außerirdischen Intelligenzen über die Lage der Erde im Sonnensystem und die Bewohner des blauen Planeten Terra Auskunft zu erteilen. Und so würde – am Tage X – der glückliche Finder/ die glückliche Finderin (wenn diese Einteilung bei den Entdeckern irgendeine Bedeutung haben sollte) zuallererst die Abbildung eines Mannes und einer Frau zu Gesicht bekommen. Tatsächlich wird der Mensch als einziger ernst zu nehmender Gesprächspartner dieses Planeten auf dieser Informations-Arche abgebildet, wohingegen alle Pflanzen und Tiere möglichen Entdeckern als Kulisse vorgestellt werden.

Dies zeugt nicht einfach nur von krasser Ignoranz – denn nach Schätzungen, die sich auf die bisher beschriebene Fauna und Flora sowie auf viele Diskussionen mit Spezialisten stützen, liegt die absolute Artenzahl aller Tiere und Pflanzen auf der Welt irgendwo zwischen fünf und dreißig Millionen. Dass der heutige Rückgang der Artenvielfalt sich unweigerlich dem Ausmaß des Artensterbens während der großen Naturkatastrophen anzunähern scheint – sich also, anders ausgedrückt, zum größten Einschnitt für das Leben auf der Erde seit 65 Millionen Jahren zu entwickeln droht –, wird natürlich auch nicht erwähnt, geschweige denn mit einer kritischen Analyse der von Menschen gemachten Ursachen verbunden.

Geschichte der Beziehung von Mensch und Tier

Diese »Vergesslichkeit« ist eigentlich nicht typisch für die Menschen aller Zeiten, sie zeigt aber, wie stark sich die Verhältnisse zwischen Mensch und Tier gewandelt und schließlich umgekehrt haben. Denn am Anfang war das Tier – am Ende steht der Mensch.

Wenn man vom Anfang redet, so gilt es, auf die ersten ausdrücklichen Selbstdarstellungen des Menschen zu blicken, die in verschiedenen Höhlenmalereien ihren Ausdruck gefunden haben. Nach Durchsicht der ältesten Zeichnungen in 66 Bilderhöhlen kommt man zu dem Ergebnis, dass Tierdarstellungen 62 Prozent der Darstellungen ausmachen, nichtfigürliche Zeichen 34 Prozent, Abbildungen des Menschen aber nur vier Prozent.

Es ist erstaunlich, mit welcher Feinheit und Sensibilität, mit welcher Sicherheit und mit welchem Schwung die Bildner zum Beispiel das Eigentümliche des Pferdes erfassen: eine Paarung von Kraft und Anmut, von Masse und Beweglichkeit, von Wachheit und Ruhe. Ebenso das Mammut, ganz in seine dumpfe Kraft gehüllt – Ausdruck von Macht, Größe, Ruhe, Selbstgenügsamkeit. Tiere abzubilden diente offensichtlich der Selbst-Entdeckung des Menschen, ihre Eigentümlichkeiten sind den Charakterzügen des Menschen ähnlich bzw. umgekehrt: Der Mensch erkennt in den Zügen der Tiere Charaktereigenschaften in seiner eigenen menschlichen Umgebung wieder.

Gehörten die natürliche Mitwelt und darin wesentlich die Tiere noch in das komplexe Geschehen der »Menschwerdung« untrennbar hinein, so markiert das moderne Bemühen, im unendlichen Weltall nach seinesgleichen Ausschau zu halten und dabei die natürliche Mitwelt zur Ressource zu degradieren, eine konträre Einstellung. Es passt zum Gehabe jener Industriegesellschaften, die sich ein Verhalten angeeignet haben, das an »Horden interplanetarischer Eroberer, die eigentlich gar nicht hierher gehören« erinnert. Denn in dieses Bild des Menschen fasst der Naturphilosoph Klaus Michael Meyer-Abich seine Diagnose des neuzeitlichen Menschen, der möglicherweise nicht nur vergesslich ist, sondern in seinem Denken und Handeln einem fatalen Irrtum darüber aufgesessen ist, wie diese Welt und der darin lebende Mensch gemeint sind. Entsprechend ist der Kulturbegriff Meyer-Abichs zentral vom Verantwortungsgedanken geprägt. Doch dieser Verantwortung stellen sich die Industrienationen offensichtlich nicht, wenn die natürliche Mit-Welt, die Nach-Welt und die »Dritte Welt« fast vollständig aus dem Blick geraten sind. Dass diese Gesellschaften in die – nicht nur ökologische – Krise geraten sind, hat einen Grund in der Entgegen-Setzung von Natur und Kultur.

Menschlich, erwachsen und verantwortlich leben

Ausgangspunkt für die folgenden Kapitel ist die Annahme, dass sich das Verhältnis von Mensch und Tier im Laufe der Zeit gewandelt hat: Aus Verbundenheit mit der Mitwelt ist heute aufseiten des Menschen Ignoranz und Zerstörung geworden. Dabei haben Tiere zur Selbstwerdung des Menschen beigetragen. Zeugen dafür sind neben den Höhlenmalereien auch mythologische und religiöse Leitbilder, die als ursprüngliche Erinnerungen der Menschheit eine andere Sprache sprechen und den Menschen inmitten der Natur verorten.

Dazu zählt die biblische Paradiesgeschichte, die allerdings nicht unbedingt als Vertreibungs-, sondern auch als eine Aufbruchsgeschichte zu lesen ist: Im Paradies ist zwar für alles gesorgt – so der erste Akt –, aber es entspricht dem Wesen des Menschen, für sich selbst und für andere sorgen zu wollen. Damit beginnt der zweite Akt. Wenn Kinder herangewachsen sind, verlassen sie das Elternhaus und gründen einen eigenen Hausstand. So zeigt die Geschichte von Adam und Eva, der Schlange und dem Baum, dass eine erwachsen werdende Menschheit in der Natur nicht nur wie in einem Paradies beheimatet sein, sondern ihren Platz selbst finden wollte.

Friedrich Schiller hat zur Bestimmung des Menschen nach dem Sündenfall ausgeführt, dass er den Stand der Unschuld, den er verloren hat, wieder aufsuchen solle – und zwar durch seine Vernunft. Dabei soll er als ein freier und vernünftiger Geist dahin zurückkommen, wovon er als Pflanze und als »Kreatur des Instinkts« ausgegangen war. Für Schiller ist dieser Abfall des Menschen vom Instinkt die glücklichste und größte Begebenheit in der Menschheitsgeschichte, denn von diesem Augenblick her weitet sich seine Freiheit.

Dieser Weg in die Freiheit muss jedoch nicht zwangsläufig ein von der Natur abgewandter oder gegen sie errungener sein. Auch wenn Schiller selbst sich dazu nicht äußert, ein tieferer Blick in die Sündenfallgeschichte der Bibel lässt diesen Gedanken zu: die natürliche Mitwelt kann und sollte in diesen freiheitsgeschichtlichen Prozess miteinbezogen werden. Wenn nämlich die Menschen Söhne und Töchter der Erde sind, die Stimme der Natur ihnen durch die Schlange, das klügste Tier (vgl. Genesis 3,1), und die eigene Geschlechtlichkeit den Anstoß zum Aufbruch aus dem Paradies vermittelte und zudem ein Baum ihnen Kraft und Nahrung gab, sich aufzurichten, so handelt der Mythos eigentlich davon, dass das menschliche Denken und Erkennen ursprünglich ein Prozess innerhalb der Natur ist. Ein Prozess, der wiederum der aufmerksamen Begegnung mit Tieren, Pflanzen und Elementen entspringt.

In den folgenden Überlegungen geht es also nicht darum, »die Natur« normativ zu verstehen, sondern darum, sie in die Erwägungen um eine menschliche Kultur miteinzubeziehen. Will der Mensch – und da klingt die nicht auflösbare und wesentliche Paradoxie an – menschlich, erwachsen und verantwortlich leben, muss er der Natur gegenüber wach sein. Nach dem Mythos ist der Mensch von Natur aus in das Drama der Unterscheidung von Gut und Böse gestellt – der Sündenfall ist somit nicht selbst eine Sünde, sondern der Übergang in eine Lebensweise, in der es Sünde gibt. Das heißt, der Mensch hat Entscheidungsfreiheit und Verantwortung, die er ergreifen und übernehmen kann – oder eben nicht. Die heutigen Industriegesellschaften tragen, an diesem Maßstab der Verantwortung für das Leben gemessen, deutlich eine Signatur der Sünde, bringen sie doch mittlerweile viel mehr Zerstörung als Kultur in die Welt! Sie haben sich offensichtlich entschieden und von der Aufgabe der Verantwortung losgesagt. Doch wo liegen die Ursachen dieses Denkens und Handelns?

Die Renaissance: Der notwendige Beginn eines neuen Denkens

Für den mittelalterlichen Menschen war die klar hierarchisch geordnete Welt überschaubar und verschaffte Sicherheit auch in den schrecklichsten Krisen von Epidemien und Kriegen. Alles hatte einen Sinn, die Welt und jedes Lebewesen waren Symbol Gottes und am Ende wartete das Paradies, das für jede Qual Entschädigung brachte. Der Begriff »Paradiesische Geschlossenheit«, wenn wir ihn für das Mittelalter verwenden, ist somit nicht mit »Idylle« zu verwechseln, sondern mit Klarheit und Plausibilität. Das Zeitalter der Renaissance markiert den Aufbruch aus diesem Paradies. Die hier maßgebliche kopernikanische Wende meint nicht nur den Übergang vom geozentrischen zum heliozentrischen Planetensystem und die Entdeckung des Subjektes. Im Verlust des alten Weltbildes stellt sich verschärft die Frage nach dem Ort des Menschen innerhalb der Welt. Seit Kopernikus scheint der Mensch auf eine schiefe Ebene geraten und immer schneller aus dem Mittelpunkt wegzurollen – in ein »durchbohrendes Gefühl seines Nichts«. Friedrich Nietzsche kann darum sagen, dass sich das Dasein des Menschen seither als beliebiger, »eckensteherischer« zeigt.

Das Selbstbild des Menschen hat sich in Folge dieser radikalen Erkenntnis, die ihn aus dem Mittelpunkt des Kosmos in die Fragwürdigkeit seiner eigenen Existenz vertrieb, in jedem Fall grundlegend verändert. Der Mensch beginnt in der Folge, seinen eigenen Platz neu zu begründen.

Neuordnung des Kosmos als vom Menschen gestaltete Welt

Johannes Kepler (1571–1630) nennt sein erstes Buch »Das Welt-geheimnis« (Mysterium Cosmographicum, 1596) und nimmt sich darin vor, »in diesem Büchlein zu beweisen, daß Gott der Allgütige und Allmächtige bei der Erschaffung unserer beweglichen Welt und bei der Anordnung der Himmelsbahnen jene fünf regelmäßigen Körper, die seit Pythagoras und Plato bis auf unsere Tage so hohen Ruhm gefunden haben, zu Grunde gelegt und ihrer Natur Zahl und Proportionen der Himmelsbahnen, sowie das Verhältnis der Bewegungen angepaßt hat.«[1]

Und weiter:

> »Denn wir sehen hier, wie Gott gleich einem menschlichen Baumeister, der Ordnung und Regel gemäß, an die Grundlegung der Welt herangetreten ist und jegliches so ausgemessen hat, daß man meinen könnte, nicht die Kunst nehme sich die Natur zum Vorbild, sondern Gott selber habe bei der Schöpfung auf die Bauweise des kommenden Menschen geschaut.«

Für die Denk- und Vorgehensweise der aufkommenden Naturwissenschaft ist dies ein charakteristischer Gedanke: die (physikalische) Binnenstruktur der Welt gilt es zu erkennen. Denn gebaut ist unser Planet so, wie wir ihn konstruieren würden, wenn auch noch vom »Allmächtigen und Allgütigen«, von dem sich der Mensch nach Kepler etwas abschauen könnte. So kann René Descartes später feststellen, dass die Regeln der Mechanik denen der Natur entsprechen. Es wird deutlich, dass sich die abendländische Menschheit durch die Wahrheitssuche der

modernen Naturwissenschaft auf den Weg der »göttlichen Einsichten« in Menschengestalt begeben hat. Dies hätte immer noch
ein »christlicher Weg« werden können, wenn dabei nicht das
Bild eines beziehungslosen, autonomen Mechaniker-Gottes das
Leitbild geworden wäre, das in irriger Weise dem biblischen ent-
gegensteht, in dem Gott »Liebhaber des Lebens« und »alles in
allem« ist.

Ein kurzer Blick auf Sir Isaac Newton (1643–1727) zeigt die dies-
bezügliche Ambivalenz der Renaissance. Denn dieser erklärt
noch voller Ehrfurcht und Selbstbeschränkung:

> »Ebenso wie der Blinde keine Idee von den Farben hat, ha-
> ben wir auch durchaus keine Idee von der Weise, wie der wei-
> seste Gott fühlt und alle Dinge erkennt.«[2]

Doch maßgeblich für das neue Menschen-, Natur- und Gottesbild wird diese Zurückhaltung leider nicht: Die Gottebenbild-
lichkeit des Menschen wird umgedeutet, die Attribute Gottes
werden auf den Menschen übertragen und damit jegliches Tun
legitimiert. Die Angleichung des modernen Menschen an das
Gottesbild, das für die Verbindung von Allmacht und Allwissenheit im weltverändernden Willen steht, nimmt ihren Lauf und
markiert die Geburtsstunde der Industrienationen mit ihrem
naturvergessenen Gehabe.

Vollkommenheitsfantasien des modernen Menschen

René Descartes (1596–1650) schloss aus der Verneinung unserer
Göttlichkeit auf den göttlichen Grund unserer Vorstellungen

und somit auf die Existenz Gottes. Willkommen war ihm dafür der dazu notwendige methodische Zweifel:

> »Aber vielleicht bin ich (doch) etwas mehr, als ich selbst einsehe, und alle jene Vollkommenheiten, die ich Gott zuteile, sind in gewisser Weise der Möglichkeit nach in mir, wenn sie sich auch noch nicht hervortun und noch nicht zum Wirklichsein hingebracht werden; denn ich erfahre bereits, daß meine Erkenntnis allmählich wächst; und ich sehe weder was dagegenstände, daß sie so mehr und mehr wachse bis ins Unendliche, noch auch, warum ich nicht vermöge der so gewachsenen Erkenntnis alle übrigen Vollkommenheiten Gottes erreichen könne.«[3]

Geradezu pflichtschuldig nimmt der Autor diesen Gedanken zunächst sofort wieder zurück: »Doch nein, es kann vielmehr nichts davon sein (...). Wenn ich dagegen von mir selbst existiere, (...) so wäre ich selbst Gott.« Die Spur ist damit aber gelegt: Ob der Mensch nicht doch die Vollkommenheit Gottes erreichen kann?

An anderer Stelle schreibt Descartes darum folgerichtig, es sei der aus diesen und jenen Rädern zusammengesetzten Uhr ebenso natürlich, die Stunden anzuzeigen, wie es dem aus diesem und jenem Samen aufgewachsenen Baum natürlich ist, seine Früchte zu tragen. Das Werk des Menschen steht dem Werk des Schöpfers nicht nach! Erstaunlich ist dabei die Klarheit, in der Descartes schon im Jahr 1644 die Ideale der modernen Industriegesellschaft als Eigenschaften Gottes, die der Mensch sich aneignen könne, zusammengefasst hat: Er spricht von der Unabhängigkeit, der Unbegrenztheit (bis über die Grenzen des Wachstums hinaus), von der höchsten Einsicht und höchsten

Macht, von denen alles in der Welt geschaffen ist, seien es Uhren oder Bäume.

Die Allwissenheit in der Unabhängigkeit ist das bindungslose Wissen, durch das Menschen dem Gott ähnlich werden, der selbst ohne Bindungen ist bzw. Bindungen immer nur selbst herstellt und sie eben nicht – wie es dem biblischen Gottesbild entspräche – in Liebe sucht.

Für Gottfried Wilhelm Leibniz (1646–1716) ist der Mensch endlich zum »petit dieu« avanciert. Gott ist für ihn die »Substanz, die den Grund ihres Daseins in sich selbst trägt«[4]. Die Menschen als »Abbilder der Gottheit oder des Urhebers der Natur selbst (sind) fähig, das System des Universums zu erkennen und etwas davon in Proben eigener Systembaukunst nachzubilden; denn jeder Geist ist in seinem Bereiche gleichsam eine kleine Gottheit«[5].

Die schwierige Frage nach der Seele

Die kartesischen Lehren bedeuten auch für das Mensch-Tier-Verhältnis eine entscheidende Wende. Denn mehrfach befasst sich Descartes mit dem Problem der Tierseele. Seine Lehren weisen manche Wandlungen auf, was auf eine gewisse Unruhe dem eigenen System gegenüber schließen lässt. Wirkmächtig wurden allerdings nicht die feinen Zweifel und Unklarheiten innerhalb seiner Lehre, sondern die von seinen Nachfolgern vergröberte Version seines Systems. Darin wird der Leib des Tieres als Automat beschrieben, eine Maschine allerdings, »die aus den Händen Gottes« komme und »daher unvergleichlich besser konstruiert« sei und weit wunderbarere »Getriebe« in sich berge als jede Maschine, die der Mensch erfinden könne.

»Wenn es Maschinen mit den Organen und der Gestalt eines
Affen oder eines anderen vernunftlosen Tieres gäbe, so hätten wir gar kein Mittel, das uns nur den geringsten Unterschied erkennen ließe zwischen dem Mechanismus dieser
Maschinen und dem Lebensprinzip der Tiere.«[6]

Demnach versteht es ausschließlich der Mensch, mit Vernunft
und Sprache auf jede Situation angemessen zu reagieren. Tiere
wie Papageien besitzen zwar durchaus Sprachorgane, aber sie
reden, auch wenn sie menschliche Worte nachahmen, eigentlich
nicht, weil sie nicht zu erkennen geben können, dass sie auch
wirklich denken, was sie da sagen. Dies zeigt für Descartes nicht
nur, dass Tiere weniger Verstand haben als Menschen, vielmehr
schließt er daraus, dass sie gar keinen haben. Der Mensch allein
ist für ihn – im Unterschied zum Tier – mit einer immateriellen,
vernünftigen Seele ausgestattet, die ihrer Natur nach vollkom-
men unabhängig vom Leib existiert und folglich unsterblich ist.
Diese radikale Leugnung der Tierseele durchschnitt den früher
noch angenommenen engen Verbund zwischen Mensch und Tier
gänzlich.

Kirchliche Adaption der kartesischen Lehre

Die kartesische Argumentationsfigur findet sich selbst in aktuellen amtlichen Verlautbarung des kirchlichen Lehramtes, wenn
auch nicht in direkter Bezugnahme auf das Mensch-Tier-Verhältnis: 1996 richtete Papst Johannes Paul II. eine Botschaft an die
Vollversammlung der Päpstlichen Akademie der Wissenschaften,
in der er feststellte, dass die Evolutionstheorie »mehr als eine
Hypothese« sei. Dann aber sagt er:

»Eben weil sie eine Geistseele hat, besitzt die gesamte menschliche Person einschließlich des Körpers eine solche Würde.

Pius XII. hat diesen wesentlichen Punkt betont: Der menschliche Körper hat seinen Ursprung in der belebten Materie, die vor ihm existiert. Die Geistseele hingegen ist unmittelbar von Gott geschaffen: ›animas enim a Deo immediate creari catholica fides nos retinere iubet.‹ (Enzyklika Humani generis, AAS 42 /1950, S.575).«[7]

Dass Darwin durch die Kirche rehabilitiert worden sei, liegt als Kommentar zur Botschaft des Papstes nahe. Doch »Bestätigung von Descartes« wäre wohl eine angemessenere Überschrift, denn sein Dualismus von Mensch und Tier erhält hier seine lehramtliche Festlegung.

Ein Blick in die evolutionsbiologisch gesicherten Fakten zur Menschwerdung wirft dagegen Fragen an das Lehramt auf, die seine Äußerungen höchst fragwürdig erscheinen lassen: Welchen Menschen soll Gott denn mit der Geistseele ausgestattet haben – schon den *Australopithecus afarensis* oder erst den *Homo erectus*? Und hat Gott sie dem *Homo sapiens neanderthalensis* wieder entzogen, nachdem er im Kampf mit *Homo sapiens sapiens* untergegangen war?

Wenn Descartes alle Ideen und Vorstellungen, die man bei Tieren beobachten konnte, in Fortführung und Erweiterung Keplerscher Anschauungen ausschließlich mechanisch zu erklären versuchte, dann zeugt dies von einem neuen wissenschaftlichen Realismus, der sich scharf gegen die damals, besonders mit dem Neuplatonismus wieder erstarkenden Vorstellungen von einem völlig durchseelten Kosmos wandte. So hatte beispielsweise der Neuplatoniker Michel de Montaigne (1533–

1592) in einem Essay »Wider den menschlichen Dünkel gegenüber Tieren« die angebliche Distanz zwischen Tier und Mensch
stark relativiert.

Er verweist auf die Ähnlichkeit, ja Gleichheit vieler Eigenschaften von Menschen und Tier, rühmt die Verfassung des Bienen-
staates, die Kunst des Nestbaus bei Schwalben, die ohne die
Annahme planender Überlegungen nicht erklärbar sei. Er be-
hauptet sogar die Überlegenheit der Tiere, weil »ihre viehische
Dummheit in allen Bedürfnissen und Bequemlichkeiten alles
das übertrifft, was unser himmlischer Verstand vermag!«[8]
Montaigne kritisiert die menschliche Überheblichkeit und
fragt ironisch, bei wem denn der Fehler liege, wenn Mensch
und Tier sich nicht verstünden, und weiter: »Wenn ich mit
meiner Katze spiele, wer kann es entscheiden, ob sie sich mehr
Zeitvertreib mit mir mache als ich mit ihr?«

Auch wenn Montaignes Gedanken wohl in den Bereich der Satire
gehören, zeigen seine Schlussfolgerungen eine für seine Zeit
ungewöhnliche Radikalität:

> »Wir müssen von gleichen Verrichtungen auf gleiche Fähig-
> keiten schließen und von ausnehmenden Verrichtungen auf
> ausnehmende Fähigkeiten, und folglich bekennen, daß eben-
> die Überlegung und ebendie Wege, welche wir gebrauchen,
> um etwas ins Werk zu stellen, auch die Tiere gebrauchen, und
> diese zuweilen besser.«

So standen sich in der Frage der Tierseele Neuplatonismus und
mechanisches Weltbild gegenüber. Doch bereits den Zeitgenos-
sen von Descartes wurde deutlich, dass dessen Automatenlehre
der christlichen Doktrin nicht hinderlich, sondern im Gegenteil,
»dem wahren Glauben sehr vorteilhaft« war.

Zusammenfassung: Vom »Tod« der Natur

Der mittelalterliche Mensch verstand sich noch gänzlich einge-
fügt in die Vorgegebenheiten einer unverfügbaren und umfas-
senden Ordnung. Wissenschaft und Gesellschaft waren vom
Religiösen durchsetzt, das allerdings noch nicht den intimen
Charakter eines subjektiven Gefühls hatte. Die mittelalterliche
Theologie sprach im Rahmen ihrer Lehre der »natürlichen Offenbarung« – in Gegenüberstellung zum Buch der Bibel – noch
ganz selbstverständlich vom »Buch der Natur«. Darin lag die
Aufforderung, in der Natur zu lesen, ihre Erscheinungen wie
Schriftzeichen und Worte zu deuten und in kritischer Auseinandersetzung mit dem »Natürlichen« das »Menschliche« zu fin-
den und zu gestalten.

Am Anfang der Neuzeit beginnt der Mensch schließlich, sich als
auf sich selbst gestellte Persönlichkeit und nicht mehr als ver-
fügbares Glied einer Korporation zu verstehen. Doch dieser po-
sitive neue Ansatz ist nicht die einzige Konsequenz des ge-
schichtlichen Vorganges. Maßgeblich für den Weg des Menschen
in sein »Interplanetariertum« ist auch, dass nun neben den ei-
genständigen Bereichen der Wissenschaft und Politik die Religion als bloßer Sonderbereich übrig blieb. Sie hatte ihre alles
durchdringende Kraft verloren.

So lässt sich das Ergebnis dieses ersten Durchganges durch die
Geschichte der Verhältnisbestimmung von Mensch und Tier wie
folgt zusammenfassen:

- Eine ursprüngliche und als verbindlich angesehene Erkenntnis, die alle Kräfte und Fähigkeiten des Menschen anspricht
  und daher auch alle Lebensbereiche durchdringen und gestalten kann, eine Erkenntnis, die überdies die Generationen

überdauerte, hat es bisher nur in der Form der Religion gegeben.

- Zwar ließ der Renaissance-Entwurf kurzzeitig ein neues Welt- und Menschenbild aufleuchten, in dem der Mensch die alles verbindenden Mitte sein sollte. Aber die aus dieser Idee erwachsenen Denkansätze und schöpferischen Impulse vermochten es nicht, aus der neuen Lebensmitte weiter zu wachsen.

- So führte dann die im Namen der Befreiung und Entfaltung des Menschen in Aufklärung und Neuzeit betriebene Auflösung der noch in der Religion begründeten Synthese von Mensch und Natur zu einer weitgehenden Verselbstständigung aller Lebensbereiche. Am Ende gilt dies dann auch für diejenigen Lebensbereiche, die aus der Transzendenzerfahrung und -begabung des Menschen entstanden und nur von dorther ihren Sinn beziehen: Religion, Philosophie und Kunst.

- Und für die Natur – und die in ihr beheimateten Tiere – gilt in der Folge: Die nur vordergründig vom Menschen beherrschte Natur entgleitet ihm wieder und es erwächst, so sagt es Romano Guardini, »eine Wildnis in einer zweiten Form. Es ist das sprachlose Chaos unserer Hinterlassenschaften, eine Trümmerlandschaft, die nur noch von dem spricht, was wir angerichtet haben, Symbol unserer Verfehlungen.«[9]

Intelligentes Verhalten bei Tieren als Herausforderung für das naturwissenschaftliche Weltkonzept

»Cogito – ergo sum!«, dachte das Pferd ...

Der »kluge Hans« war ein Pferd, das dem pensionierten Lehrer Wilhelm von Osten gehörte, der durch die vermeintlichen mathematischen Leistungen des Tieres beträchtliche Summen einnahm. Es war nämlich angeblich in der Lage, zu zählen und zu rechnen. Wenn jemand dem Tier beispielsweise zurief: »Wie viel ist 7 + 9?«, stampfte das Tier 16 Mal mit dem Huf.

Erst der Psychologe Oskar Pfungst fand heraus, dass das Tier auf völlig unbeabsichtigte Bewegungen seines Besitzers oder des Publikums reagierte, etwa auf eine geringe unabsichtliche Entspannung oder ein leichtes Ausatmen zu dem Zeitpunkt, als

Hans bis 16 »gezählt« hatte. Die Wissenschaftsgemeinde war erleichtert: Tiere können also doch nicht denken, der Mensch bleibt doch die »Krone der Schöpfung« – und das Schicksal des »dummen Tieres« war besiegelt.

Doch hier liegt eine Definition von Intelligenz zugrunde, die hermetisch ist: Denn Intelligenz und der Begriff des Denkens erscheinen hier losgelöst von jeder Erfahrung und allen Wahrnehmungskräften, die (noch) nicht einfach erfasst werden können. Hans' genaue Beobachtung und Einschätzung des Gegenübers – beispielsweise seiner Emotionen und Stimmungen – und die »richtige« Reaktion darauf, das alles erscheint dann als keine Leistung, ist kein Zeichen von Intelligenz. Ein Beispiel für einen solch geschlossenen Begriff von Denken lässt sich bei Karl Popper (1902–1994) finden. Für ihn ist das Denken eine Fähigkeit, bestimmte Hypothesen im Kopf zu erstellen und sie kritisch zu sichten. Darum stellt für ihn das Denken »den einzig wirklich bedeutenden Unterschied zwischen den Lösungsmethoden eines Albert Einstein und einer Amöbe« dar. Einstein lasse seine Hypothesen sterben, wenn sie sich als falsch erweisen: er sondert sie aus. Die Amöbe hingegen stirbt selbst: sie wird ausgesondert, wenn sie sich falsch verhält.

Popper unterstellt einer Amöbe, keine »innere Welt« zu haben, in der sie Probleme »durchspielen« kann, und wahrscheinlich hat er Recht damit. Aber wie komplex ist diese »innere Welt« bei Säugern und Vögeln etwa? Kann sich ein Schimpanse, ein Delfin oder Graupapagei bestimmte Zusammenhänge und Abläufe schon vorab vorstellen und klarmachen? In welchem Ausmaß also können sie denken?

Aus dem langen Schatten von Descartes, der Tieren jede Intelligenz absprach, treten hingegen all die Biologinnen und Biologen hinaus, die sich auf die Suche nach dem Phänomen »Denken«

im Tierreich machen. Denn Denken bedeutet in der allgemeinsten Definition: etwas anderem als einem angeborenen oder eingeübten Programm zu folgen. Es geht also um eine grundsätzlich neue Dimension der Problemlösung.

Intelligentes Verhalten bei Tieren

Bei wem könnte man bei diesem Thema besser beginnen als bei Charles Darwin (1809–1882), dem Begründer der Evolutionstheorie? In ihrem Kern geht die Darwinsche Evolutionstheorie davon aus, dass alle Entwicklungslinien heute existierenden Lebens auf gemeinsame Ausgangslinien zurückführbar sind. In seinem 1871 zum ersten Mal erschienenen Werk »Die Abstammung des Menschen« schreibt er:

> »So groß nun (...) die Verschiedenheit an Geist zwischen dem Menschen und den höheren Thieren sein mag, so ist sie doch sicher nur eine Verschiedenheit des Grads und nicht der Art. Wir haben gesehen, dass die Empfindungen und Eindrücke, die verschiedenen Erregungen und Fähigkeiten, wie Liebe, Gedächtnis, Aufmerksamkeit, Neugierde, Nachahmung, Verstand u.s.w., deren sich der Mensch rühmt, in einem beginnenden oder zuweilen selbst in einem gut entwickelten Zustand gefunden werden. (...)
> Wenn bewiesen werden könnte, dass gewisse höhere geistige Fähigkeiten, wie Bildung, allgemeine Begriffe, Selbstbewußtsein u.s.w. dem Menschen absolut eigenthümlich wären, was äußerst zweifelhaft zu sein scheint, so ist es nicht unwahrscheinlich, dass dieselben nur die begleitenden Resultate anderer weit fortgeschrittener intellectueller Fähig-

keiten sind; und diese wiederum sind hauptsächlich das Resultat des fortgesetzten Gebrauchs einer höchst entwickelten Sprache.«[10]

Nicht nur, dass Darwin eben auch in Bezug auf das Aufkommen des Phänomens »Geist« an seiner plausiblen Annahme einer bruchlosen Evolution festhält ist in Anbetracht der ihn umgebenden Denktradition über das Wesen des Menschen erstaunlich – denn das Descartessche Denken über die Tiere war dem philosophisch-theologisch gebildeten Wissenschaftler sicherlich bekannt. Sein Postulat, dass wir, die Vertreter der Art Homo sapiens es sind, die beweisen müssen, allein im Besitz bestimmter geistiger Fähigkeiten zu sein, dreht eine Argumentation um, in der bislang und selbstverständlich die Tiere die Beweislast zu tragen hatten.

Konrad Lorenz erweitert die Evolutionstheorie Darwins auf das Gebiet des Verhaltens, hält jedoch an der »kategorialen Verschiedenheit zwischen dem Menschen und allen anderen Lebewesen«[11] fest. So kommt er zu dem Ergebnis, dass es keine Übertreibung sei, zu sagen, dass das geistige Leben des Menschen eine neue Art von Leben sei. In seiner systemischen Sicht der Evolution kommt dem Begriff »Fulguration« eine zentrale Bedeutung zu. In bewusster Absetzung zum Begriff der »Emergenz« beschreibt er damit den Vorgang, dass etwas zu existieren beginnt, was vorher nicht dagewesen ist. Beschrieben Philosophen und Mystiker des Mittelalters diesen Umstand mit dem Ausdruck »Blitzstrahl«, der als göttlicher Eingriff in die Schöpfung verstanden wurde , versteht Lorenz darunter eine neue Systemeigenschaft in verhaltensevolutionärer Hinsicht. Innerhalb dieser Überlegungen spielt das Phänomen »Denken« eine entscheidende Rolle. Er definiert es als »probeweises und nur im Gehirn sich abspielendes Handeln im vorgestellten Raum« und spricht diese Fähigkeit vielen Tieren unterschiedlichster Gattungen zu. Sehr beeindruckend ist seine Erzählung vom »denkenden Juwelenfisch«.

»Wenn ich je einen Fisch nachdenken gesehen habe, so war es damals«[12] – so sein Kommentar zu einem Ereignis, das er zufällig bei einem Maulbrüter beobachten konnte. Diese Fische zeichnen sich dadurch aus, dass ihre Jungen im Maul der Mutter zur Welt kommen und sich dorthin auch bei Gefahr zurückziehen. Die Fürsorge geht danach noch so weit, dass die Jungen per Maul eingesammelt werden – dann vom Vater. Bei einer solchen Aktion beobachtet Lorenz eine Konfliktsituation: Ein männlicher Fisch hatte gerade ein Stück Wurm im Maul, als er ein Junges entdeckt, das ins Nest zu holen war. Auch das nimmt er instinktiv in sein Maul:

> »Das war spannend! Der Fisch hatte zwei Dinge im Maul, von denen eines in den Magen, das andere in die Nestgrube sollte. Was würde geschehen? Ich muß sagen, daß ich in diesem Augenblick keine fünf Kreuzer für das Leben jenes Juwelenfischchens gegeben hätte.
>
> Großartig aber, was wirklich geschah! Der Fisch stand starr, mit vollen Backen, aber ohne zu kauen. (…) Ermißt man, wie merkwürdig es ist, daß ein Fisch in eine echte Konfliktsituation geraten kann und daß sich das Tier darin genau wie ein Mensch verhält, nämlich nach allen Richtungen blockiert, stehenbleibt und weder vor noch zurück kann.
>
> Viele Sekunden stand der Juwelenfischvater wie angemauert. Aber man konnte ordentlich sehen, wie es in ihm arbeitete, und dann löste er den Konflikt in einer Weise, daß man einfach Hochachtung finden mußte. Er spie den ganzen

Inhalt des Mundes aus, der Wurm fiel zu Boden, das kleine Juwelenfischchen tat (...) das gleiche. Dann wandte sich der alte Juwelenfisch entschlossen dem Wurm zu und fraß ihn ohne Hast auf – aber mit einem Auge auf das ›gehorsam‹ am Boden liegende Kind. Als er fertig war, inhalierte er es und trug es heim zu Mama. Einige Studenten, die das Ganze mit angesehen hatten, begannen wie ein Mann zu applaudieren.«

Problemlösung durch Einsicht

Anfang der Siebzigerjahre, in denen Lorenz diese Gedanken formulierte, war die moderne Verhaltensbiologie schon von dem geprägt, was man »kognitive Wende« nannte. Diese hatte in den Sechzigerjahren in der Human-Psychologie begonnen und trug dazu bei, sich von der einseitigen Sichtweise des Behaviorismus abzuwenden, der – vor allem im angelsächsischen Raum etabliert – die Tiere zu lernfähigen Superautomaten degradierte. Nun war es wieder »erlaubt«, sich den angeblich in einer »Black Box« verborgenen Prozessen der Reizverarbeitung zuzuwenden, die mit der Frage, ob Tiere denken, ins Interesse der Wissenschaftler rückte. In sogenannten »Problembox-Aufgaben« prüfte man, ob ein Versuchstier durch einen Denkprozess zu einer Problemlösung gelangen kann.

Gerade am Zoologischen Institut der Universität Münster wurden damit Abstraktion, Generalisation, Handlungspläne und Gedächtnisleistungen bei Schimpansen, Orang-Utans und Gorillas untersucht. Die Namen Rensch, Dücker, Döhl und Lethmate sind hier zu nennen. Aufgrund ihrer mit Menschenaffen durchgeführten Studien kamen sie zu der Auffassung, dass deren geistige Leistungen nicht auf ein Reiz-Reaktions-Lernen zu reduzieren sind: Auch Tiere verfügen über Einsicht in das, was sie tun.

Lernen und Erinnern

»Tat-twam asi« – diese Sanskrit-Worte aus den indischen Upanishaden ließ der oben erwähnte Bernhard Rensch in Großbuchstaben an die Wand des Tierhaltungsraumes malen. Hier waren sowohl Kulturen von Einzellern und Insekten als auch Amphibien, Reptilien, Vögel und Kleinsäuger untergebracht. Die Worte bedeuten: »Das bist Du«, und waren ein Hinweis für Mitarbeiter und Studierende, sich stets bewusst zu sein, dass – evolutiv bedingt – in jedem Tier, ja in jedem Lebewesen, Pflanzen inbegriffen, ein Stückchen unserer selbst vorhanden ist. Bernhard Rensch und seine Schülerinnen und Schüler zeigten in verschiedenen Versuchen auf, dass Tiere lernen können, dass sie über ein Gedächtnis verfügen, dass sie abstrahieren und generalisieren und zumindest kurzfristig planen und einsichtig handeln können.

Es ist sicherlich der Verdienst Renschs, Mitbegründer der synthetischen Evolutionstheorie, und seiner Schule, die kognitiven Leistungen der Tiere im Kontext der Evolution zu sehen. Ihre Untersuchungen führen sie darum aus dem »Elfenbeinturm der Laboratorien« heraus. Denn die oben genannten Fähigkeiten wie Lernen, Abstrahieren, Generalisieren etc. sind nicht »vom Himmel gefallen«, sondern verdanken ihre Entstehung der Evolution des Gehirns einerseits, der Anpassung an den Lebensraum andererseits. Ein solch anspruchsvoller und diffiziler Vorgang äußert sich in der Entstehungsgeschichte der Säuger natürlich anders als beispielsweise in der der Insekten. In neueren Untersuchungen ist deshalb die Rede von der »ökologischen Intelligenz« als einem Phänomen, das nicht nur bei Säugern zu finden ist, sondern auch bei Vögeln, Reptilien, Amphibien und Fischen. Tiere entwickeln ein der Lebenswelt (Ökosystem) optimal angepasstes Verhalten und sind deshalb vielleicht sogar intelligenter als der Mensch.

Die besonderen Fähigkeiten des Menschen stellen von daher nur *einen* Höhepunkt dar. Folgende Postulate von Manning und Dawkins müssen dann Geltung für die Forschung haben:

- Jeder Biologe muss mit der Möglichkeit des Vorhandenseins anderer Höhepunkte der Fähigkeiten auf alternativen Forschungswegen rechnen.
- Man kann an Honigbienen nicht dieselben Maßstäbe anlegen wie an Affen.
- Vor jeder Form des Anthropozentrismus muss gewarnt werden. In Abgrenzung zu den Vertretern des Behaviorismus ist zu fordern, die Lernsituation stärker aus der Perspektive des Tieres zu betrachten.
- Die Biologen wollen unter anderem aufzeigen, dass entgegen der landläufigen Meinung Lernen und Instinkt kein Widerspruch sind: Innerhalb eines vorgegebenen Rahmens (Instinkt) kommt es zu erstaunlichen Lernleistungen (Intelligenz).
- Tiere »hängen nicht einfach herum« und warten auf Stimuli, sondern versuchen aktiv, sich in Situationen zu begeben oder Handlungen zu vollbringen, die zu einer Belohnung oder zu einer Flucht vor Strafe führen. Tiere suchen in der Abfolge der ihnen begegnenden Ereignissen nach Gesetzmäßig-

keiten, um anhand derer zu akzeptablen Voraussagen bezüglich des besten Ergebnisses zu gelangen.

- Die Vorstellung, dass Geist und Bewusstsein dem Menschen ohne irgendeinen Vorläufer bei den Tieren, die unseren Ahnen und den Primaten wahrscheinlich sehr ähnlich waren, einfach zugefallen sein sollen, ist schwerlich akzeptabel.
- Auch Tiere können lernen und erahnen, was ihr Verhalten bei Artgenossen auslöst. Dies ist gerade bei sozial lebenden Tieren ein enormer selektiver Vorteil.

In diese Kategorie gehören auch die afrikanischen Graupapageien, deren berühmtester Vertreter, Irene Pepperbergs »Alex«, inzwischen zu einem Medienstar avanciert ist. Dieser kann nicht nur über 30 Objekte korrekt benennen. Er beherrscht auch bestimmte »Konzepte« und hat eine Vorstellung von abstrakten Begriffen wie Formen, Farben oder Mengen. Wenn Alex arbeitet, dann arbeitet er auf der gleichen Stufe wie Schimpansen, Delfine und Seelöwen. Die Aufgaben, die ihm gegeben werden, bewältigt er ebenso gut wie diese Tiere. Das legt nahe, dass ein Gehirn, das sich so stark von unserem unterscheidet, dennoch die gleiche Art von Problemen lösen kann wie das Gehirn eines Primaten.

Aus der Tatsache, dass der Papagei diese Höchstleistungen nur dann erreichen kann, wenn das Training in einem Sozialkontakt durchgeführt wird, können wir ableiten, dass die Fähigkeit zur Begriffsbildung, die mit der Lern- und Erinnerungsfähigkeit einhergeht, nicht an Sprache geknüpft sein muss, diese also nicht zur Voraussetzung hat. Die Fähigkeit zur Begriffsbildung und damit zur Symbolverarbeitung scheint eher umgekehrt die Voraussetzung dafür zu bilden, dass sich Wort-Sprache entwickeln konnte, die letzte große Erfindung der Evolution.

Sozialverhalten als natürliche Intelligenzleistung von Tieren

Neben der Fähigkeit, im jeweiligen Ökosystem die angemessenen Verhaltensweisen zu entwickeln, der sogenannten »ökologischen Intelligenz«, wenden wir uns nun der »sozialen Intelligenz« zu. Diese trägt dem Rechnung, was der kluge Hans und Alex zeigen: Soziale Kommunikation und direkte Interaktion mit der Umwelt sind wichtige Faktoren für Intelligenzleistungen. Auf der Suche danach geht der Weg innerhalb der Verhaltensbiologie weg von Erforschungen »künstlicher« Intelligenzleistungen, die nur im Labor durchgeführt werden können, und hin zu Untersuchungen »natürlicher« Intelligenzleistungen mittels der Feldforschung. Ein Forschungsschwerpunkt der Ethologen wurde konsequenterweise – neben den bekannten Untersuchungen zu Strategien des Nahrungserwerbs und dem Gebrauch einfacher Werkzeuge – die soziale Intelligenz frei lebender Tiere. Mit dieser Verlagerung des Arbeitsschwerpunktes geht, was den Begriff der Intelligenz angeht, oft ein *Definitionsverzicht* einher:

> »Es ist nicht so, dass diese Begriffe uns schrecken würden, aber wir sind davon überzeugt, dass es lohnender ist, sich speziell mit den Fakten in den Bereichen Verhalten und Erfahrung zu beschäftigen, als unsere Unwissenheit hinter allgemein gehaltenen Begriffen zu verstecken.«[13]

Auch andere Forscher verzichten auf eine genaue Intelligenzdefinition, weil sie die Meinung vertreten, jede Art sei auf ihre Art intelligent und an ihre natürliche Umwelt angepasst; insofern seien alle Tiere gleich intelligent.

Wieder andere nehmen *Definitionserweiterungen* vor. Donald Griffin, der die Bedeutung der Tierpsychologie neu entdeckt hat, postuliert, dass ein oft anwendbares, wenn nicht gar alles einschließendes Kriterium für Bewusstheit bei Tieren die vielseitige Anpassungsfähigkeit des Verhaltens an sich ändernde Umstände und Anforderungen sei. Zweitens sieht er als Anzeichen bewussten Denkens die Erwartung sowie das absichtliche Planen einer Tätigkeit in dem Wissen um das wahrscheinliche Resultat. Und drittens sieht er das Kommunikationsverhalten als Indikator an, weil es oft und besonders bei gesellig lebenden Tieren Gedanken und Gefühle von einem Individuum zum anderen zu übertragen scheint. Gerade Tiere, die in komplexen sozialen Systemen leben, in denen jedes Tier von der Kooperation abhängig ist, müssen also »psychologische Naturtalente« sein.

Aber auch die Jagd- und Feindvermeidungsstrategien bieten eine Fülle von Informationen über vielseitiges Verhalten, dem Denkprozesse zugrunde liegen können. Geradezu akribisch – von Berichten über in arbeitsteiligen Kolonien lebenden Weberameisen bis zum Delfin, der zur Imitation einer Robbe fähig ist, von der wählerisch ihr Gehäuse zusammenstellenden Köcherfliegenlarve bis hin zum sich selbst im Spiegel erkennenden Schimpansen – sammelt Griffin Beweismaterial für das Denken der Tiere. Die Beziehungen zwischen Bewusstheit und genetisch programmiertem Verhalten prüft er ebenso kritisch wie die Anatomie des Nervensystems und das Phänomen des erlernten Verhaltens.

Er kommt zu dem Schluss, dass vor allem das Verständigungsverhalten als ein Tor zur Erforschung der Gefühle und Gedanken der Tiere zu nutzen ist. In gewisser Weise scheinen die Tiere selbst diese Tür bereits geöffnet zu haben, indem sie einander erfolgreich ihre Gefühle und einfache Gedanken mitteilen.

Marian Stamp Dawkins formuliert entsprechend ihre Arbeits-
hypothese so, dass Intelligenz ihren Ursprung in einem erfolg-
reichen Sozialleben haben könnte. In ihren eigenen und von ihr
beschriebenen Untersuchungen kategorisiert sie Verhaltensweisen anhand der Trias: Handeln nach »*Faustregeln*« – Verhalten,
das auf »*Denken*« schließen lässt – Vorhandensein von »*Bewusstsein*«.

Faustregeln sind einfache Gesetze, die das Verhalten von Tieren
steuern, denen aber jede unnötige Beziehung zu komplizierten
Mechanismen fehlt. Sie beschreiben, wie ein Tier tatsächlich re-
agiert. So könnte man beispielsweise sagen, ein Weibchen einer
Art »beurteile« die Männchen, weil es nacheinander die Territo-
rien jedes Männchen aufsucht und sich schließlich doch nur mit
einem paart. Es könnte sich jedoch herausstellen, dass die Faust-
regel des Weibchens ganz einfach lautet: »Paare dich mit dem
Männchen mit dem lautesten Ruf« oder wie auch immer.

Eine mögliche Definition von Denken hingegen lautet nach Marian Stamp Dawkins: Ein Mensch oder ein Tier sollte nicht nur
eine geistige Vorstellung von seiner Umwelt haben, sondern
auch imstande sein, auf diese Vorstellung irgendwie einzuwir-
ken und entsprechend dieser veränderten Vorstellung in geeig-
neter Weise zu reagieren. Und genau dieses Vorausahnen des
Unerwarteten, die Fähigkeit, immer »einen Schritt vorweg zu
sein«, indem man Dinge im Geiste ausarbeitet, unterscheidet
das wahre Denken von den Faustregeln.

Ein Schritt weiter: Bewusstsein

Das Phänomen Bewusstsein zu definieren ist nicht nur deshalb
problematisch, weil es schon als solches so schwer fassbar und

undurchsichtig ist, sondern auch, weil wir mit diesem einen Wort so viele verschiedene Dinge meinen können.

Marian Stamp Dawkins schließt sich in ihren Untersuchungen dem amerikanischen Philosophen Daniel Dennett an, der in Bezug auf die Bewusstseinsforschung vom »Leiden unter einer vorschnellen Definition« spricht. Sie selbst verwendet darum den Begriff so, dass sie damit »einfach ein unmittelbares Wissen um etwas« ausdrückt. So kann der Begriff viele verschiedene Formen von Bewusstsein umfassen und zugleich offen lassen, was uns am Wesen des Bewusstseins immer noch höchst rätselhaft ist. *Komplexität* ist darum ein für sie entscheidendes Kennzeichen von Bewusstsein. Dabei gilt aber der Grundsatz, dass Bewusstsein zwar komplexes Verhalten zu verursachen mag, der Umkehrschluss aber nicht zutrifft, wonach jedes komplexe Verhalten auf das Vorhandensein von Bewusstsein schließen lässt. Diese logische Annahme ist abgeleitet von dem als Sparsamkeitsprinzip in der Wissenschaftstheorie bekannten »Ockhamschen Messer«. Der mittelalterliche englische Theologe und Philosoph Wilhelm von Ockham sagte, wir sollten immer mit der einfachsten möglichen Erklärung von etwas beginnen – und erst wenn sich diese als gänzlich ungeeignet erweist, sollten wir uns einer komplizierteren zuwenden.

Was wissen Tiere über sich selbst?

Ein bekannter Versuch der Verhaltensforschung ist der sogenannte »Spiegeltest«, ein Experiment, bei dem ein Spiegel ins Sichtfeld eines höheren Lebewesens gehalten und die Reaktion beobachtet wird. Doch dieser Test ist relativ. Denn er setzt voraus, dass Tiere sich und einander primär über den optischen Sinn wahrnehmen. Über solche Spezies, die diesen Weg über ihre Ohren oder Nasen gehen, sagt ein »Versagen« bei diesem Test nichts aus. (Im Übrigen sind wir Menschen vor Erreichen des achtzehnten Lebensmonates damit selbst auch völlig überfordert.) Demgegenüber schaffen es alle großen Menschenaffen nach einiger Zeit, sich im Spiegel oder auf einem Bildschirm selbst zu erkennen.

Eine typische Form dieses Tests verläuft so, dass das Versuchstier eine Farbmarkierung auf der Stirn erhält, ohne dass es dies merkt. Danach setzt man den »Probanden«/die »Probandin« vor einen Spiegel und kann an seiner oder ihrer Reaktion ersehen, ob er oder sie sich wiedererkennt und beispielsweise versucht, den Fleck abzuwischen.

In seinen Experimenten mit der Schimpansin Sarah geht der Primatologe David Premack noch einen Schritt weiter: In kurzen Videospots werden ihr Problemsituationen vorgeführt, in denen sich ihr Wärter befindet. Im Anschluss daran zeigt man ihr Fotografien mit Lösungsvorschlägen. So sieht Sarah z. B. im Film, wie ihr Wärter verzweifelt innerhalb des Käfigs an der Tür rüttelt. Auf den Fotos sieht sie u. a. einen Schlüssel, auf den sie dann auch zeigt. Erstaunlicherweise zeigt die Schimpansin im Fall eines Wärters, den sie nicht mag, niemals auf die »richtigen« Fotos!

Was aber ist mit all den Tieren, die nicht in die Schar der Spiegel- und Videotüchtigen gehören, deren Ich-Bewusstsein sich unterhalb dieser Schwelle dokumentiert? Auch für sie kann man ein Ich-Bewusstsein annehmen und belegen: Amotz und Avishag Zahavi weisen in ihren Arbeiten zum Handicap-Prinzip auf inter- und intraspezifische Kommunikationsformen hin, die ein Wissen der »Gesprächspartner« über sich selbst nahelegen. Als Beispiel sei etwa die Gazelle genannt, die beim

Auftauchen eines Wolfs sich weder duckt und versteckt noch das Weite sucht, sondern zunächst aufsteht, bellt und den Boden mit den Vorderhufen tritt, während sie ihren Feind nicht aus den Augen lässt. Kommt der Wolf näher, geschieht das noch Überraschendere: Die Gazelle springt mehrfach mit allen vier Beinen in die Luft! Warum zeigt sich die Gazelle einem Feind, der sie vielleicht noch gar nicht bemerkt hat? Warum verschwendet sie Zeit und Energie auf das Springen, statt so rasch wie möglich wegzulaufen?

Das Handicap-Prinzip erklärt dieses Verhalten: Denn indem die Gazelle ihrem Feind signalisiert, dass sie ihn gesehen hat, und indem sie ihre Zeit mit Luftsprüngen »vergeudet«, statt die Flucht zu ergreifen, versichert sie dem Wolf, dass sie jederzeit in der Lage ist, ihm zu entkommen. Diese Vergeudung von Kraft und Energie kann als Signal an ein anderes Tier durchaus sinnvoll sein, da damit angezeigt wird, dass man mehr als genug davon besitzt. Verschwendung macht das Signal dabei erst richtig glaubwürdig – schwache oder alte Tiere ergreifen im Gegensatz dazu sofort die Flucht. Gazellen müssen also über ihre körperliche Verfassung Bescheid wissen, mit sich vertraut sein, um in diesen Krisensituation entscheiden zu können. Den Spiegeltest hingegen würden sie niemals bestehen.

»The theory of mind« – oder: Einblick in das Innenleben des anderen

Doch nicht nur ihrer selbst sind sich Tiere bewusst. Dorothy Cheney und Robert Seyfarth zeigten in Feldexperimenten mit Grünen Meerkatzen auf, dass die Tiere sich individuell erkennen und ein beträchtliches Wissen über andere Gruppenmitglieder haben. Sie entdeckten, dass die Tiere lernen, selektiv einen Laut zu ignorieren, der eigentlich die Anwesenheit anderer Affen anzeigt. Wenn ein bestimmtes Individuum ihn äußerte – eines, das sich als unzuverlässig erwiesen hatte –, wurde der Laut ignoriert, bei anderen Gruppenmitgliedern dagegen nicht. Dabei spielen bestimmte und sehr variable Rufe und Laute im Kommunikationssystem der Tiere eine lebenswichtige Rolle. In überzeugenden Einzelfällen setzen Tiere ihre sozialen Fähigkeit sogar dazu ein, das Verhalten anderer Tiere zu lenken, um etwas Gewünschtes durch Täuschung zu erreichen.

Dieses Beispiel könnte natürlich ganz einfach einen Fall von Lernen beschreiben, der nicht auf Intelligenz oder Einsicht beruht. Es gibt aber zwei Merkmale, die an dieser Interpretation zweifeln lassen: Bestimmte Verhaltensweisen (etwa »In-die-Ferne-Starren« als Täuschungsmanöver bei Pavianen) werden nur ab und zu angewendet und in »echte« Vorfälle eingestreut. Diese Affen rechnen damit, dass ein sie verfolgendes Rudelmitglied die Jagd abbricht, sobald sie plötzlich innehalten und »etwas« sehen. Doch die Beobachtungen zeigten, dass da mitunter nichts war. Diese und andere Aktivitäten sind so subtil, dass es plausibel ist, sie als Hinweis zu deuten, dass die Tiere sich die vorher erlangten Einsichten übereinander zunutze machen: Ockhams Messer favorisiert in diesen Fällen wirkliche Einsicht beziehungsweise Intelligenz.

Eine Hommage an den »klugen Hans«: Was uns die Denkwege der Tiere deutlich machen

Man kann die Ergebnisse dieses Kapitels über die Denkleistungen der Tiere wie folgt zusammenfassen:

- Das Phänomen Denken hat sowohl in der Entwicklung des Lebens als auch in der persönlichen Lebensgeschichte seinen Ort in der aktiven Auseinandersetzung des Lebewesens mit seiner Umwelt einerseits und seinen Sozialpartnern andererseits.

- Die Entwicklung der Sprache und dabei besonders die Entwicklung von Symbolen für abstrakte Begriffe wirkten als Katalysatoren für die »kognitive Explosion« innerhalb der Evolution – und haben den Menschen in seine Sonderrolle katapultiert.

- Von daher lag es nahe, in der wissenschaftlichen Bearbeitung der Denkleistungen der Tiere sich der selbstgemachten Maßstäbe zu bedienen und sie am Ende auch absolut zu setzen.

- Die Verhaltensbiologie hat nicht zuletzt auch in der kritischen Auseinandersetzung mit dem Behaviorismus zu einer differenzierteren und respektvolleren Sicht auf die Denkleistungen der Tiere gefunden. Gleichzeitig wird jenseits aller wissenschaftlichen Bewertung das Folgende deutlich: Im Prozess einer womöglich neuen Verortung des menschlichen Denkens in der tatsächlichen – und nicht ausgedachten – Wirklichkeit könnte die Orientierung an einem »Meister der Wahrnehmung« wie dem »klugen Hans« zu einer erneuten »kognitiven Explosion« führen – einer, in deren Folge die konkrete Welt wieder zum Ausgangspunkt des Denkens wird.

Der »kluge Hans« galt nicht mehr als klug, nachdem deutlich wurde, dass er nicht kopfrechnen konnte. Doch spricht sehr viel dafür, ihm offen Respekt zu zollen. Denn das Pferd war offenbar so feinfühlig, dass ihm alleine schon geringe Bewegungen der Augenbrauen Wilhelm von Ostens oder selbst eine Erweiterung der Nasenflügel ausreichten, um die richtige Antwort zu finden. Und ist es nicht beeindruckend, dass Pfungst, der Skeptiker, der ganz genau wusste, dass Hans nicht wirklich rechnete, selbst nicht vermeiden konnte, dem Pferd Hinweise zu geben, die es aufgriff? Wenn der Mensch also die richtige Antwort wusste, fand das Tier sie ebenfalls. Hans mag kein mathematisches Genie gewesen sein, aber er war zweifellos ausgesprochen geschickt darin, geringfügige Hinweise verschiedener Menschen aufzugreifen.

Ein neues Leitbild für das Verhältnis von Mensch und Tier

Zum Erinnerungspotenzial biblischer Texte

In Klaus Michael Meyer-Abichs Diagnose macht den Menschen nicht nur seine verhängnisvolle Schöpfungsvergessenheit aus, zu ihm gehören auch seine fast in Vergessenheit geratenen Träume. In ihnen findet die ursprüngliche Beheimatung in der Natur ihren Ausdruck. Hier haben die biblischen Texte mit ihrem Potenzial ihren Ort. Und dies in mehrfacher Hinsicht:

- Für Bibelwissenschaftler ist erstens das Thema Schöpfung nicht etwa nur das erste Thema des Ersten Testamentes, sondern zugleich der Wahrnehmungshorizont des Folgenden. Das Schöpfungsthema ist also grundlegend für alles Weitere.
- Für die ersten fünf Bücher der Bibel, den Pentateuch, gilt somit, dass die Schöpfungs- und Urgeschichte nicht etwa einen

»Vorbau« darstellt; vielmehr sind diese fünf Bücher als Ganzes eine Urgeschichte: Sie stellen den Entwurf einer bedeutungsvollen, einer identitätsstiftenden und handlungsleitenden Vergangenheit für eine bestimmte Gruppe dar. Die Texte erzählen nicht einfach von einer fernen Vergangenheit, vielmehr sind sie durchsichtig auf gegenwärtige Situationen und Beziehungen. Für viele Exegeten gilt dies über den Pentateuch hinaus für die Bibel insgesamt.

- Somit gilt, dass die Heilige Schrift ganz im Dienst der »Verheutigung« der Gottesbotschaft steht. In diesem Kontext ist die Erinnerung das durchgängige Motiv jüdisch-christlicher Theologie.

- Schließlich gilt – auch wenn es banal klingt, muss es ausgesprochen werden –, dass die Bibel für den Menschen, nicht etwa für die Tiere geschrieben ist und somit dessen Stellung als Geschöpf beleuchtet: Wer ist der Mensch vor Gott?

- Für die biblischen Autoren ist es aber selbstverständlich, die Mitgeschöpfe in diesen existenziellen Fragehorizont hineinzunehmen.

Ansätze für eine biblische Zoologie

Wer eine neuere »Theologie des Alten Testamentes« oder eine »Religionsgeschichte Israels« aufschlägt, um im Register das Stichwort »Tier« oder »Tierwelt« oder Ähnliches zu suchen, wird dennoch enttäuscht. Ganz selten wird dem Tier, bzw. der Gott-Mensch-Tier-Beziehung ein eigener Abschnitt gewidmet. Das Tier stellt ein theologisches Randthema dar und ist nur gelegentlich einer Erwähnung wert. Und das, so bemerkt Othmar Keel zutreffend, obwohl es in der hebräischen Bibel genügend

Stoff gibt: Es dürfte – etwas überspitzt formuliert – auf ihren rund 1 000 Seiten kaum eine geben, auf der nicht in irgendeinem Zusammenhang Tiere erwähnt werden. Das gilt auch in Bezug auf das Gott-Tier-Verhältnis, für das nicht nur Schöpfungstexte, sondern ebenso Texte über tiergestaltige Götterbilder (das »goldene Kalb« etwa) oder die zahlreichen Tiervergleiche und Metaphern ergiebig sind.

Die »Abwesenheit des Tieres« in der theologischen Reflexion wundert aus verschiedenen Gründen allerdings nicht. Denn zum einen spielt der sowohl die Philosophie und Theologie beherrschende Anthropozentrismus eine entscheidende Rolle, zum anderen hat selbst das größere Thema »Schöpfungstheologie« innerhalb der ersttestamentlichen Glaubenswelt im Grunde kein theologisches Eigengewicht.

Der bedeutende Exeget Walther Zimmerli erklärt die Tatsache, dass in seinem »Grundriß der alttestamentlichen Theologie« das Thema »Schöpfung« erst im vierten Abschnitt zur Sprache kommt, damit, dass im Gesamt des Alten Testamentes die in der Mitte der Geschichte geschehene »Herausführung Israels aus Ägypten« – der Exodus – der primäre Orientierungspunkt ist. Doch die daraus resultierende Relativierung der biblischen Schöpfungstheologie führt in meinen Augen letztlich zum Verlust der universalen Dimension der biblischen Botschaft, die mit der Schöpfungstheologie ihres Wahrnehmungshorizontes beraubt wird. Dies kann mit Recht als tragisch bezeichnet werden, zumal gerade die weisheitlichen Texte der heiligen Schrift die Grundüberzeugung vermitteln, die Gerhard von Rad klassisch formuliert: »Die Schöpfung hat nicht nur ein Sein, sie entläßt auch Wahrheit.«[15] Das heißt, die Welt als Schöpfung Gottes lädt geradezu dazu ein, diese Schöpfungsbotschaft als Lebensweise zu hören und anzunehmen.

Der biblische Mensch hatte keine Hemmungen, sich innerhalb dieses theologischen Rahmens auf die jeweils konkreten Repräsentanten dieser Weisheit einzulassen, nämlich die Tiere. Denn ihre Welt ist ein herrlicher Kosmos von Gestalten, Gebärden, Lauten, Verhaltensweisen, Farben, Bildern und Geschichten, an dem der Mensch seit jeher auch zum Bewusstsein seiner selbst gekommen ist. Die großen Tiertexte der Bibel haben diesen Schatz sorgsam gehütet und um immer neue Varianten berei-

chert. Denn in der Begegnung mit dem Tier erfuhr Israel das Rätsel des Lebens nicht nur in seiner schillernden Buntheit, sondern auch in seiner zwingenden Mächtigkeit. Dieser Faszination hat es sich beobachtend, erkennend und deutend ausgeliefert und davon auch sein theologisches Nachdenken inspirieren lassen. Für den biblischen Menschen war es wesentlich, in den geheimnisvollen Bannkreis fremden, dem eigenen seltsam fernen und doch so nah vertrauten Lebens zu treten. Und er hat aus dieser Berührung mit dem ganz anderen, nichtmenschlichen, starke Impulse zur Entfaltung religiöser Kräfte und theologischer Reflexionen empfangen.

Nach jüdisch-christlicher Überzeugung wird das Wesen des Menschen zwar nicht in Bezug auf das Tier bestimmt und hat sich Gott auch nicht wie in Ägypten in der Gestalt eines Tieres offenbart; dennoch kann der Mensch laut Auskunft der biblischen Überlieferungen im Blick auf seine Mitgeschöpfe zu einem profunderen – auch theologischen – Selbst-Verständnis finden. Für Othmar Keel, dessen Verdienst es ist, dass die Bilderwelt des Ersten Testamentes u. a. vom Alten Ägypten und dessen Gottes- und Menschenbild her tiefer erschlossen wurde, ist »Numinosität« ein Schlüsselbegriff: Dies ist ein moderner, ethymologisch der römischen Antike entliehener Begriff. Das Wortfeld, das im Hebräischen dem gemeinten Phänomen am nächsten steht, ist mit der Wurzel *barak* (segnen, mit heilvoller Kraft begaben) verbunden.

Während wir im sogenannten Abendland aufgrund einer extrem wortzentrierten religiösen Tradition Segen und Segnen allzu rasch mit gesprochenen Worten verbinden und uns vor allem dafür interessieren, was beim Segnen genau passiert, gingen die Menschen im Alten Israel ganz selbstverständlich davon aus, dass der Segen (*berakah*) in vielem Geschaffenen einfach da ist und erfahren werden kann. Bei Jesaja wird ein Sprichwort überliefert:

> »Wie man sagt, wenn Saft in der Traube sich findet:
> Verdirb sie nicht, es ist ein Segen darin.« (Jesaja 65,8)

In deutlicher Abgrenzung zur Religion Ägyptens formuliert das jüdische Credo programmatisch, dass keine innerweltliche Größe verabsolutiert werden darf. Für Israel kommt eine Resakralisierung oder Divinisierung der Schöpfung im engeren Sinn nicht infrage, aber ebenso wenig geht es an, das Kind, in diesem Fall die Numinosität der Schöpfung, mit dem Bade auszukippen.

Vielmehr ist es Zeit, der Schöpfung ihre Seele, ihre Würde zurückzugeben, sie aus ihrer Demütigung zu befreien, in die sie als gänzlich Gott-loses Gegenüber des Schöpfers, als reines Produkt eines überbetont souveränen und transzendenten Gottes und als Objekt menschlicher Wissenschaft und Ausbeutung geraten ist.

Laut Auskunft der aktuellen, für unsere Fragestellung relevanten exegetischen Literatur lassen sich innerhalb der biblischen Überlieferung zwei Stränge erkennen:

- Mensch und Tier sind dezidiert aufeinander bezogene und voneinander abhängige Geschöpfe des einen Gottes und Teilhaber des einen Bundes.
- Mensch und Tier haben darin eine je eigene Valenz und Beziehung zum Schöpfer und somit ihren je eigenen Ort im Gesamt der Schöpfung.

Eine schöpfungstheologisch verantwortete Anthropologie mit dem Gesicht zum Tier

Der heilige Thomas schreibt in der Summa Theologiae unter der Rubrik »Ob Adam im Unschuldsstande über die Tiere herrschte«:

> »Die Menschen bedurften im Unschuldsstande der Tiere nicht für die leiblichen Bedürfnisse, weder zur Bekleidung, weil sie nackt waren und sich nicht schämten (...); noch zur Nahrung, weil sie sich von den Bäumen des Paradieses nährten, noch auch zur Fortbewegung wegen ihrer Körperstärke. Sie bedurften ihrer aber, um sich ein Erfahrungswissen über ihre Naturen anzueignen. Das wurde dadurch angedeutet, daß Gott die Tiere zu ihm hinführte, damit er ihnen Namen gebe, die ihre Natur bezeichnen.«[16]

Ein sehr starkes Wort: Es gilt im Prozess der Menschwerdung, sich ein Erfahrungswissen über die Naturen der Tiere anzueignen! Thomas nennt dies die »cognitio experimentalis« und buchstabiert somit eine Anthropologie mit dem Gesicht zum Tier. Er versteht die biblische Geschichte also so, dass der Mensch im Blick auf das Tier zum Menschen wird. Damit nimmt er moderne kulturgeschichtliche Erkenntnisse vorweg. Und mehr noch: Er spricht damit ein fast prophetisches Wort in eine Kirche und Gesellschaft, die unter den Folgen einer Anthropologie mit dem Rücken zum Tier fast im- und explodiert. Denn wenn Erotik, Sexualität und Emotionalität – also das Animalische – über ganze Generationen hinweg wie ein wildes Tier weggesperrt werden, darf man sich nicht wundern, wenn es sich in unkontrollierter und oft menschenverachtender Weise unberechenbar zeigt. Wenn der Mensch das Tier in sich verleugnet, wird er nicht zum Menschen.

Nur die Eselin sieht den Engel

Wie in einem Brennglas erscheinen alle Facetten des Gott-Mensch-Tier-Verhältnisses in einer biblischen Geschichte, die vielleicht die schönste Legende des Ersten Testaments darstellt: In Numeri 22,21–34 wird der Seher Bileam von den Moabitern bestellt, um das Volk Israel zu verfluchen. Schließlich erhält er von Gott tatsächlich die Erlaubnis loszuziehen, aber nur um das zu sagen, was der Herr dann befehlen werde. Daraufhin sattelt er seine Eselin und zieht fort. Unterwegs tritt ihnen aber ein Bote Gottes mit gezücktem Schwert in den Weg. Es heißt weiter:

> »Die Eselin sah den Engel JHWHs, wie er auf dem Wege stand und sein Schwert gezückt in seiner Hand hatte. Da bog die Eselin vom Wege ab und ging auf dem Ackerfeld weiter. Bileam aber schlug die Eselin, um sie wieder auf den Weg zu bringen.
>
> Darauf trat der Engel JHWHs auf den Pfad zwischen den Weinbergen mit einer Mauer auf der einen und einer Mauer

auf der anderen Seite.

Die Eselin sah den Engel JHWHs und drückte sich an die Wand und drückte den Fuß Bileams an die Wand; da schlug er sie wiederum.

Darauf ging der Engel JHWHs noch einmal vorbei und trat an eine enge Stelle, wo es keine Ausweichmöglichkeit nach rechts und links gab.

Die Eselin sah den Engel JHWHs und legte sich hin unter Bileam. Da entbrannte der Zorn Bileams, und er schlug die Eselin mit der Rute.

Darauf öffnete JHWH den Mund der Eselin, und sie sagte zu Bileam:

›Was habe ich dir angetan, daß du mich geschlagen hast, nun schon dreimal?‹ Bileam sagte zu der Eselin: ›Weil du deinen Mutwillen mit mir getrieben hast. Hätte ich nur ein Schwert in der Hand, ich hätte dich wahrlich schon getötet!‹

Da sagte die Eselin zu Bileam: ›Bin ich nicht deine Eselin, auf der du geritten bist, zeitlebens bis zum heutigen Tage? Habe ich wirklich die Gewohnheit gehabt, solches dir anzutun?‹ Er sagte: ›Nein.‹

Da enthüllte JHWH die Augen Bileams, so daß er den Engel JHWHs sah, wie er auf dem Wege stand und sein Schwert gezückt in seiner Hand hatte. Und er beugte sich und fiel nieder auf sein Angesicht.

Der Engel JHWHs aber sagte zu ihm: ›Warum hast du deine Eselin nun schon dreimal geschlagen? Ich selbst bin doch ausgezogen als Gegner für dich, weil dein Weg in meinen Augen übel ist (...). Die Eselin aber hat mich gesehen und ist vor mir ausgewichen, nun schon dreimal.

Wäre sie nicht ausgewichen vor mir, ich hätte wahrlich dich bereits getötet und sie am Leben gelassen!‹

Da sagte Bileam zum Engel JHWHs: ›Ich habe mich verfehlt darin, daß ich nicht erkannt habe, daß du selbst auf dem Wege mir entgegengestanden hast. Wenn nun also die Sache in deinen Augen übel ist, will ich wieder zurückkehren.‹«[14]

Am Ende mündet die Bileamgeschichte in den Orakelspruch des Propheten:

»Ich sehe ihn, aber nicht jetzt, ich erblicke ihn, aber nicht in der Nähe: Ein Stern geht in Jakob auf, ein Zepter erhebt sich in Israel.« (Numeri 24,17)

In den ersten juden-christlichen Gemeinden waren sicher alle Geschichten des Ersten Testamentes bekannt. Sie bilden eine Folie, vor der sich die neutestamentlichen Erzählungen abspielen. Vor diesem Hintergrund erscheinen die verhältnismäßig langen Textpassagen in den Evangelien, Matthäus 21,1–8 und Markus 11,1–7, in denen es um den »jungen Esel, auf dem noch nie ein Mensch geritten ist« geht, in einem besonderen Licht. Bei seinem Einzug in Jerusalem, der seine letzten Tage einleitet, vertraut sich Jesus ganz diesem Tier an, wissend, dass es den Engel sehen würde, wenn er sich wieder in den Weg stellte. Zugleich spielt die christologische Konzeption des Markusevangeliums bewusst an die Tier-Friedens-Vision des Jesaja an, worin der Wolf beim Lamm wohnt und ein Knabe Kalb und Löwe hüten kann (vgl. Jesaja 11,6) und möchte zeigen, dass der Menschensohn auch gekommen ist, die ursprüngliche Ordnung innerhalb der Geschöpfe zu erneuern. Dem Bild des auf einem Esel reitenden Erlösers kommt somit eine hoch symbolische Bedeutung zu, die meines Erachtens so in der Exegese noch nicht herausgearbeitet worden ist.

Eine Hommage an die Eselin:
Was uns die biblische Tradition lehrt

Die Legenden der Bibel sind keine Berichte historischer Tatsachen. Und das heißt in Bezug auf ihren Wahrheitsgehalt, dass sie jenseits aller wissenschaftlicher Überprüfbarkeit Menschheitswissen sammeln und verdichtet tradieren. Oftmals zeigt sich ihre tiefe Wahrheit Tausende (!) von Jahren nach ihrer Verschriftlichung.

Wir können die Geschichte von Bileam und seiner Eselin nämlich auch in einem tiefenpsychologischen Sinn lesen, als eine Legende also, die zur Wachheit gegenüber dem eigenen Leib aufruft: Achte auf das *animal* in dir, und deine *anima* wird ihren Weg zu Gott finden!

Zugleich bündelt diese biblische Poesie Erfahrungen des Menschen mit den realen Tieren und markiert die drei bereits erwähnten Verhältnisbestimmungen, um die es im Folgenden geht.

• Mystische Erkenntnis

Die Eselin als Geschöpf »diesseits von Eden« ist unmittelbar von Gott bewegt und übertrifft selbst den Seher (!) Bileam in ihrer mystischen Kompetenz: Ohne festgelegte Gottesbilder »im Kopf« sieht sie selbstverständlich den Engel. Der Eselin, die den Engel sofort erkennt, kommt somit ein wunderbares Wissen zu, das in eine Dimension reicht, die der menschlichen Vernunft, dem reinen Intellekt, nicht zugänglich ist. Dies macht deutlich, dass der ersttestamentliche Mensch das Tier problemlos als realen Träger göttlicher Willensäußerungen ansehen konnte.

- PARTNERSCHAFTLICHES MITEINANDER

Die Bileamerzählung bündelt Erfahrungen einer agrarischen Kultur auf ihrem Weg einer schöpfungsbezogenen Gott-Suche: Darin sind Mensch und Tier als Weggefährten aufeinander angewiesen, der Mensch »auf dem Rücken der Tiere«. Der Mensch »jenseits von Eden« lebt in nicht zu leugnender Abhängigkeit vom Tier, auf seinem Rücken also, und tut gut daran, sich ihm anzuvertrauen. Das Tier erscheint als realer Träger göttlicher Willensäußerungen und ist somit das so nahe und doch ganz andere Gegenüber des Menschen – ansprechbar für Gott und zugleich Partner für den Menschen. Dieses Vertrauensverhältnis hätte dem Reiter naheliegen müssen, dass das Tier ihn auf irgendetwas aufmerksam machen will, was er nicht merkt.

- ETHISCHE ANFRAGE

In der Frage »Warum schlägst du mich ...?«, die der Eselin in den Mund gelegt wird, klingt die ethische Dimension des Themas an.

So soll im Folgenden diesen drei Facetten des Tier-Mensch-Verhältnisses – der ethischen, der partnerschaftlichen und der mystischen – nachgegangen werden.

Mit-Geschöpflichkeit: Wege zu einer tragfähigen Verhältnisbestimmung von Mensch und Tier

Bedeutung und Begrenztheit des tierethischen Diskurses

Handelt es sich bei der Tierethik nur um ein Modethema, das in Westeuropa in gewohnter Weise mit zwanzigjähriger Verspätung aus den USA importiert und dann diskutiert wird – ein akademischer Luxus übersättigter Gesellschaften der Ersten Welt?

Mehr und mehr wird deutlich, dass durch die Tiere der Mensch selbst infrage gestellt wird, der sich fremd geworden ist: Das Tier wird als »anthropologische Herausforderung« wahrgenommen, die sich nicht mehr in Form von Teilbereichen den traditionellen geistesgeschichtlichen Ordnungsentwürfen eingliedern lässt. Denn an der Tatsache, dass es sich bei Tieren nicht um »bewegliche Sachen« handelt, wie es im Deutschen Recht bis 1996 hieß, kommt niemand mehr vorbei!

Von René Descartes war schon die Rede. Ein anderer Philosoph war für die europäische Denkgeschichte aber sicher noch maßgeblicher, nämlich der Aufklärungsphilosoph Immanuel Kant (1724–1804), in dessen Ethik nur noch zwei Kategorien auftauchen: Personen und Sachen. So galten in dieser Tradition die Tiere tatsächlich als »bewegliche Sachen«.

Der Zwiespalt im Konzept Immanuel Kants

Weil für Kant feststeht, dass der menschliche Geist der Natur ihre Gesetze vorschreibt, liefert sein Denkansatz gewissermaßen eine erkenntnistheoretische Begründung für den absoluten Herrschaftsanspruch des Menschen. Zugleich vermittelt er das gute Gewissen, im Umgang mit der Natur gegen keinerlei sittliche Norm verstoßen zu können.

Konsequent knüpft Kant an die kartesische Auffassung von Erkenntnis an, in deren Folge der Mensch bekanntlich als Herr und Meister der Natur auftritt. Die damit grundgelegte Attitüde der »Interplanetarischen Eroberer«, die gänzlich unabhängig von ihrer Mitwelt agieren dürfen, erhält durch Kants Philosophie eine vermeintlich stabile Legitimation. Denn seine Welterkenntnis geht davon aus, dass die sichtbare, für den Menschen erkennbare Natur nichts weiter ist als ein Konstrukt, aufgebaut und erfasst nach Maßgabe menschlicher Verstandeskategorien. Vor diesem Hintergrund ist seine Ethik konsequent weitergedacht. So schreibt er:

»Die Wesen, deren Dasein zwar nicht auf unserm Willen, sondern der Natur beruht, haben dennoch, wenn sie vernunftlose Wesen sind, nur einen relativen Wert, als Mittel, und heißen daher Sachen, dagegen vernünftige Wesen Personen genannt werden, weil ihre Natur sie schon als Zwecke an sich selbst, d.i. als etwas, das nicht bloß als Mittel gebraucht werden darf, auszeichnet, mithin so fern alle Willkür einschränkt (und ein Gegenstand der Achtung ist).«[17]

Dieser Text markiert deutlich das Konzept der moralisch autonomen und pflichtschuldigen Person, das für Kants Ethik maßgeblich ist. Die besondere Hochschätzung dieser Person auf der einen Seite geht mit der folgenreichen Abgrenzung zu den Sachen auf der anderen Seite einher. Ein gewisser Zwiespalt wird hier deutlich, letztlich ein zu großer Hang zur Einfachheit, die für die exklusive Aufnahme von Personen in den »moralischen Club« verantwortlich ist.

Weil der Begriff der Pflicht für Immanuel Kant von eminenter Bedeutung ist, verbindet er den Begriff der Person mit der Fähigkeit, sich selbst als ein solcher Träger moralischer Pflichten zu sehen. Wer den Pflichten unterstehen kann, kann auch grundlegende Rechte für sich in Anspruch nehmen. Dabei übersieht Kant in manchen Formulierungen, dass es eben auch Wesen gibt, denen man in sinnvoller Weise bestimmte Rechte zuschreiben könnte und auch sollte – ohne dass sie die Vorraussetzung erfüllen, selbst Pflichten übernehmen zu können.

Auf der anderen Seite betont Kant in der »Tugendlehre« seiner »Metaphysik der Sitten«, dass Menschen nicht beliebig mit Tieren umgehen dürften. Um dies schlüssig zu begründen und mit seinem System in Einklang zu bringen, muss er allerdings verschiedene Klimmzüge unternehmen:

»In Ansehung des Schönen obgleich Leblosen in der Natur
ist ein Hang zum bloßen Zerstören (spiritus destructionis)
der Pflicht des Menschen gegen sich selbst zuwider; weil es
dasjenige Gefühl im Menschen schwächt oder vertilgt, was
zwar nicht für sich allein schon moralisch ist, aber doch diejenige Stimmung der Sinnlichkeit, welche die Moralität sehr
befördert, wenigstens dazu vorbereitet, nämlich etwas auch
ohne Absicht auf Nutzen zu lieben (...).

In Ansehung des lebenden, obgleich vernunftlosen Teils der
Geschöpfe ist die Pflicht der Enthaltung von gewaltsamer (...)
Behandlung der Tiere der Pflicht des Menschen gegen sich
selbst weit inniglicher entgegengesetzt, weil dadurch das
Mitgefühl an ihrem Leiden im Menschen abgestumpft und
dadurch eine der Moralität, im Verhältnis zu anderen Menschen, sehr dienliche natürliche Anlage geschwächt und nach
und nach ausgetilgt wird. (...)
Selbst die Dankbarkeit für lange geleistete Dienste eines alten Pferdes oder Hundes (gleich ob sie Hausgenossen waren)
gehört indirekt zur Pflicht des Menschen, nämlich in Ansehung dieser Tiere, direkt aber betrachtet ist sie immer nur
Pflicht des Menschen gegen sich selbst.«

Somit wird das Tier quasi zum Übungsobjekt für moralisches
Verhalten des Menschen, womit Kant immerhin über die bloß
menschlichen Interessen hinausgeht. Die Tiere werden bei ihm
nicht nur insofern berücksichtigt, als sie den Besitz eines Rechts-
trägers darstellen – er spricht sogar von der Pflicht der Dankbarkeit für geleistete Dienste von Haustieren. Dies suggeriert, dass
doch kooperative, vertragsähnliche Beziehungen zwischen Menschen und Tieren bestehen können, in denen Tiere legitime An-
sprüche erwerben – auch wenn sie diese nicht selbst zur Sprache

bringen können. Dennoch schreckt Kant davor zurück, konsequenterweise von Rechten der Tiere oder von Pflichten gegenüber Tieren zu sprechen.

Auch wenn diese Konstruktion womöglich der einzige Weg ist,
den ihm sein System offen lässt – sein alternativer Vorschlag,
diese Pflichten als Pflichten des Menschen gegen sich selbst dar-
zustellen, scheint meines Erachtens wenig überzeugend. Somit
ist dann die Hilfsannahme Kants kaum tragfähig: Denn ist es
etwa tatsächlich so klar, dass Menschen, die Tiere quälen, auch
Menschen quälen werden? Vielleicht wirken solche Handlungen
auch reinigend und sind so aus der Interessenlage menschlicher
Personen sogar begrüßenswert.

Kreatürliche Würde als ethischer Anspruch

Es scheint hilfreich, den Begriff der »kreatürlichen Würde« in
die Tierethikdebatte einzubringen, da die Rede von der »Würde
der Tiere« schon lange nicht mehr unter die Kategorie poetischer
oder metaphorischer Redeweise fällt. Vielmehr nimmt eine solche Rede teil an den geprägten Ausdrucksformen theologischer
und philosophischer Tradition – und hat somit die Chance, verstanden zu werden: Einerseits verweist diese Begrifflichkeit
theologisch auf die Dignität der Geschöpfe durch ihre Herkunft
vom Schöpfergott, andererseits spielt sie auf den geschuldeten
Respekt vor der universalen Menschenwürde an, die wiederum
in der Tradition der unverlierbaren gottebenbildlichen Würde
steht und ihre philosophisch konsequenteste Ausformulierung
bisher in der Ethik Kants erfahren hat.

Hier nun tut sich allerdings ein nicht zu überwindendes Problem
auf, da die Rede von der »geschöpflichen Würde« im Grunde eine

Seinsordnung als Wertordnung voraussetzt, die nicht auf die *Zuerkenntnis*, sondern auf die *Anerkenntnis* eines objektiv vorgegebenen Wertes zielt, der allen Geschöpfen immer gegeben ist. Dies wird immer schwieriger, wie die heutigen Diskussionen um eine unveräußerliche Würde des Menschen zeigen. Ohne einen Garanten der Würde – im vorneuzeitlichen Weltbild war dieser Garant Gott als Schöpfer allen Lebens – steht diese immer in der Gefahr, an Bedingungen geknüpft zu werden, die nicht alle Lebewesen in gleichem Maße, nicht einmal alle Menschen in gleichem Maße erfüllen können. Es sind Bedingungen wie Personsein, Bewusstheit, Entscheidungs- und Handlungsautonomie etc. – zulasten etwa von Embryonen, Kranken und Behinderten. Wen es seit Kant keine ablesbare Wertordnung als Seinsordnung mehr gibt, der Mensch folglich keinem Gott und seiner Schöpfung gegenüber mehr Pflichten hat, so hat dies besonders negative Auswirkungen auf die Stellung der Tiere. Denn die Tiere verfügen nach Kant über keinen Selbstzweck und somit über keinen eigenen inhärenten und absoluten Wert, den die sittliche Person, also der Mensch, *anerkennen* kann. Höchstens kann sie dem Tier einen relativen Wert *zuerkennen*. Folglich haben unsere Mitgeschöpfe für Kant keine Würde, sondern lediglich einen Preis!

Die Rede von der Würde der Kreatur als wichtiger Leitbegriff der tierethischen Debatte weist auf ein grundlegendes Problem hin: Da ist einerseits die gestiegene Sensibilität für den Umgang mit nichtmenschlichen Lebewesen, die nach rechtlicher, ethischer und theologischer Berücksichtigung verlangt. Andererseits wird deutlich, dass aufgrund der philosophischen, rechtsgeschichtlichen und theologischen Tradition ein großer Mangel an Konzepten und Begriffen herrscht. Wie ist also eine Daseinsberechtigung der Tiere als vom Menschen unabhängige und zu würdigende Lebewesen dann zu begründen, ohne zwischen die Konzepte zu fallen?

Einen für heute interessanten Weg weist der zeitgenössische Philosoph Peter Singer, der mangels terminologischer und konzeptioneller Alternativen versucht, die »klassischen subjektphilosophischen Prädikate« wie etwa »Person« und »Autonomie« in Anwendung zu bringen.

Personale Rechte für Tiere?

Für Peter Singer[18] ist das kantische Konzept zur Begründung von personalen Rechten weder für Menschen noch für Tiere akzeptabel. Der umstrittene Philosoph sieht sich in der Tradition des Utilitarismus, dessen Ethik kurz skizziert werden soll. Bei der Entscheidung zwischen verschiedenen Handlungsoptionen gebietet der Utilitarismus schlicht und einfach, diejenige zu wählen, die das »größte Glück der größten Zahl« hervorbringt, anders formuliert: am wenigsten Leid nach sich zieht. Diese Formel ist bei Francis Hutcheson zu finden und wurde von Jeremy Bentham zur Grundlage seiner praktischen Philosophie gemacht. Ein großer Vorzug dieser Theorie für den tierethischen Diskurs liegt darin, die Leidensfähigkeit der Tiere problemlos moralisch als wichtige Größe berücksichtigen zu können. Wenn Menschen ihren moralischen Status auch ihrer Fähigkeit zur Empfindung verdanken, dann muss Tieren zumindest prinzipiell derselbe Status zugesprochen werden. Benthams klassische Frage lautet bekanntlich: »Können Tiere leiden?« – und diese Frage hat zweifellos in ihrer Unhintergehbarkeit den Status der Tiere gehoben. Die Schattenseite dessen ist, dass die Grenze zwischen leidensfähigen Wesen und autonomen Personen vermischt wird – und diese Verwischung ist sicherlich mitverantwortlich für den Aufruhr, den Peter Singers Thesen immer wieder hervorrufen. Sätze wie: »So scheint es, daß etwa die Tötung eines Schimpansen schlimmer ist als die Tötung eines menschlichen Wesens, welches aufgrund einer angeborenen geistigen Behinderung keine Person ist und nie sein kann«, geraten zusätzlich durch die Unkenntnis von Singers Position in ein völlig falsches Licht. Ihm geht es nämlich keineswegs darum, nun auch geistig behinderte Menschen für Experimente zu verwenden, sondern im Gegenteil darum, dass zumindest höheren Tieren nichts zugemutet wird, was wir auch geistig behinderten Menschen nicht antun würden. Singer will sich klar vom klassischen Utilitarismus Benthamscher Prägung distanzieren und entwickelt dazu einen »Präferenz-Utilitarismus«. Dieser beurteilt Handlungen nicht nach ihrer Tendenz zur Maximierung von Lust und Minimierung von Leid, sondern nach dem Grad, in dem sie mit den Präferenzen (Vorlieben) der von den Handlungen und ihren Konsequenzen betroffenen Wesen übereinstimmen.

Diese Variante des Utilitarismus soll den Vorteil mit sich bringen, plausibler zu erklären, warum das Töten einer Person schlimmer ist als das Töten anderer leidensfähiger Lebewesen. Deshalb bestimmt Peter Singer Personen wesentlich über ihre Zukunftsorientiertheit, welche wiederum Wesen voraussetzt, die auch über allgemeinere Fähigkeiten verfügen wie Selbstbewusstsein, Selbstkontrolle, Sinn für Zukunft, Sinn für Vergangenheit, die Fähigkeit, mit anderen Beziehungen zu knüpfen, sich um andere zu kümmern zu können, Kommunikation und Neugier.

Doch auch für den »Präferenz-Utilitarismus« ist der Grundeinwand ins Feld zu führen, der für den Utilitarismus insgesamt gilt: Der Utilitarismus eignet sich nicht zur Begründung von prinzipiellen Garantien für persönliche Grundrechte. So sagt Singer selbst: »Auch für den Präferenz-Utilitarismus ist das dem getöteten Wesen zugefügte Unrecht nur *ein* zu beachtender Faktor, und die Präferenz des Opfers könnte manchmal durch die Präferenzen von anderen aufgewogen werden.« In seiner Formulierung, dass beide Varianten des Utilitarismus »wahrscheinlich auch die Respektierung der Autonomie befürworten« würden, klingt dieses »wahrscheinlich« verräterisch.

Letztlich besteht Singers wesentliche Leistung in der deutlichen Kritik des »Speziesismus«. Demnach muss der Personbegriff ebenso wie der Begriff des »Wesens mit moralischem Status« unabhängig von Spezieszugehörigkeiten bestimmt werden, sodass nicht prinzipiell nur Angehörige einer bestimmten Spezies Personstatus oder einen allgemeineren moralischen Status erlangen können.

Fazit: Es ist schon so eine Sache mit der Person ...

Für Peter Singer steht fest, dass es in ethischen Entscheidungen auf die Individuen ankommt, nicht auf ihre Rasse oder Spezies. Denn manche Angehörigen anderer Gattungen sind demnach Personen, manche Angehörigen unserer eigenen Spezies sind es nicht. Keine objektive Beurteilung könne nach Singer den Standpunkt unterstützen, dass es immer schlimmer sei, Mitglieder unserer eigenen Spezies, die keine Personen sind, zu töten, als Mitglieder anderer Spezies, auf die der Personenbegriff angewendet werden könne.

Die Befunde der Verhaltensbiologie zeigen, dass die Differenz zwischen Mensch und Tier in dem Maß verschwindet, wie sich bei Tieren ansatzweise findet, was man klassisch Person nennt (Selbstbewusstsein, Sich-in-andere-Hineinversetzen …). Die Differenz tut sich aber erneut auf, wenn man diese Fähigkeiten in ihrem ansatzweisen Vorhandensein mit dem vergleicht, was beim Homo sapiens daraus geworden ist. Personen im vollen Sinn des Wortes sind erst diejenigen, die über den Naturzwang hinaus zu fühlen und denken vermögen und zur Vorstellung, zum Vorgeschmack, Vorschein eines befriedeten Daseins fähig sind. Aber eben diese Wesen sind auch zur Naturverwüstung fähiger als alle anderen. In Sophokles' Worten: »Nichts ist ungeheurer als der Mensch«. Das Vermögen zu Hoffen, die utopische Dimension des Glücks also, ist in einem langen und komplizierten Vorgang in die »Normalausstattung der Spezies Mensch« eingegangen.

Es gibt in der Menschheit selbst etwas, wohinter alle ihre Individuen zurückbleiben, zugleich aber teilhaben: Die »Träume der Menschheit«, in denen es darum geht, in dieser Welt mit anderem und anderen heimisch zu werden. Sie sind ebenso konstitutiv wie das spezifisch menschliche Zerstörungspotenzial. Wer, wenn nicht die Wesen, die sich vorzustellen vermögen, dass »der Wolf beim Lamm« wohnt, »der Panther beim Böcklein« liegt, »Kalb und Löwe zusammen weiden« (vgl. Jesaja 11), könnte den Widerstreit in der Natur, die Feindschaft unter den Lebewesen mildern?

Eines vergisst Peter Singer nämlich in seinen Erwägungen und Fallbeispielen: dass es ein Wesensmerkmal der Ethik ist, über sich selbst hinauszuweisen. Ihr primäres »Interesse« ist eine Welt, in der sie nicht mehr nötig ist. Ihr Interesse an optimaler Abwägung von Leid und Glück unter den bestehenden Verhältnissen ist schon ein zweitrangiges Ziel – so lange sich das primäre nicht erfüllen lässt.

Vom Zusammenleben in einer partnerschaftlichen Beziehung von Mensch und Tier

> »... und lehrst mich meine Brüder im stillen Busch, in Luft und Wasser kennen.«

Dieses Zitat aus Goethes Faust markiert eine über die Ethik hinausreichende Sicht auf die Tiere und nimmt eine weitere, durch die biblische Mensch-Tier-Verhältnisbestimmung gelegte Spur auf: Was geschieht mit dem Menschen angesichts seiner »Brüder und Schwestern im stillen Busch ...«? Wie ist eine Übertragung von Genesis 2,19 (»... und führte sie dem Menschen zu ...«) und dem darin formulierten »impliziten Herrschaftsauftrag« in eine heute verständliche Anthropologie möglich? Oder, um auch hier im Bild der Bileamgeschichte zu bleiben: Was ist *das* in seiner Eselin, das den »verblendeten Seher« anspricht, trägt und verändert?

Die »Beweislage« wird dünner; zu intensiv hat sich die westliche Anthropologie bemüht, in der Ab-Wendung vom Tier, in der Überwindung des »Tierischen« im Menschen ihre Denkgebäude zu errichten. Dennoch lassen sich Spuren ausmachen, die einerseits einen gangbaren Weg zur Eigenwertigkeit des Tieres aufzuzeigen und andererseits aus der anthropozentrischen Enge des »Interplanetariertums« herauszuführen vermögen in ein neues partnerschaftliches Verhältnis.

MIT-GESCHÖPFLICHKEIT

Vom metaphysischen Mitleid

»Tat-twam asi« (»das bist Du«): Dieses die hinduistische Weltsicht markierende Wort war nicht nur für Bernhard Renschs

Sicht auf die Tiere maßgeblich, es spielt auch im philosophischen Programm von Arthur Schopenhauer (1788–1860) eine Rolle. Seine Moralphilosophie nimmt durch die starke Bezugnahme auf asiatische Traditionen eine Außenseiterrolle im europäischen Denken ein.

Für ihn ist das Leben »eine mißliche Sache« und ein »Geschäft (...), dessen Ertrag bei weitem nicht die Kosten deckt.«[19] Dies betrifft nicht nur den Menschen, sondern eben auch die Tiere. Weil für Schopenhauers Ethik das Leiden grundlegend ist, finden bei ihm die Tiere eine viel stärkere Berücksichtigung als bei Kant. Dennoch knüpft seine Ethik an dessen »Metaphysik der Sitten« an:

> »Also bloß zur Uebung soll man mit Thieren Mitleid haben, und sie sind gleichsam das pathologische Phantom zur Uebung des Mitleids mit Menschen. Ich finde, mit dem ganzen nicht-islamisierten (...) Asien, solche Sätze empörend und abscheulich. Zugleich zeigt sich abermals, wie gänzlich diese philosophische Moral, die (...) nur eine verkleidete theologische ist, eigentlich von der biblischen abhängt. Weil nämlich die christliche Religion die Thiere nicht berücksichtigt; so sind diese sofort auch in der philosophischen Moral vogelfrei, sind bloße ›Sachen‹, bloße *Mittel* zu beliebigen Zwecken, als etwa zu Vivisektionen (...) – Pfui! über eine solche Parias-, Tschandalas- und Mletschas-Moral, – die das ewige Wesen verkennt, welches in Allen, die das Sonnenlicht sehn, mit unergründlicher Bedeutsamkeit hervorleuchtet. Aber jene Moral kennt und berücksichtigt allein die eigene werthe Species, deren Merkmal *Vernunft* ihr die Bedingung ist, unter welcher ein Wesen Gegenstand moralischer Berücksichtigungen seyn kann.«

Schopenhauer sieht im Mitleid die Triebfeder jeder Ethik, wobei das Fundament jedes Mitleids ein metaphysisches ist. Seine Bezugnahme auf asiatische Sichtweisen ist deshalb nicht verwunderlich. Über die von ihm hoch geschätzte Weltsicht des Buddhismus schreibt er:

> »Der gute Charakter (...) lebt in einer seinem Wesen homogenen Außenwelt; die Andern sind ihm kein Nicht-Ich, sondern ›Ich noch ein Mal‹. Daher ist sein ursprüngliches Verhältnis zu Jedem ein befreundetes: er fühlt sich allen Wesen im Innern verwandt, nimmt unmittelbar Theil an ihrem Wohl und Wehe, und setzt mit Zuversicht die selbe Theilnahme bei ihnen voraus.«

Im Buddhismus ist die Bedeutung des Tieres vor dem Hintergrund der Lehre von der Wiedergeburt zu sehen. Für den Buddhisten ist allein die Möglichkeit der Wiedergeburt als Tier handlungsleitend, es könnte ihm ja in der Erscheinung eines Tieres ein Angehöriger begegnen. Außerdem stellt die Wiedergeburt als Tier die mildere Alternative zur Hölle dar – oder sie ist als Zwischenstufe bei der Rückkehr aus eben dieser in eine menschliche Existenz zu sehen.

Darin schwingt eine insgesamt negative Bewertung der Existenzform der Tiere im Vergleich zum Menschen mit, worin diese die intellektuell und moralisch minderwertigeren Lebewesen sind. In einer idealen Welt dürften demnach keine Tiere mehr vorkommen, weil sie zu den schlechten, von Natur aus unangenehmen Existenzformen zählen. Wie fundamental sich diese Einschätzung von der Tier-Friedens-Vision des Jesaja unterscheidet, war Schopenhauer anscheinend nicht bekannt. War es ein Mangel an Bibelkenntnis oder war er doch zu sehr »Kind seiner

Zeit«, dass er im Christentum die Legitimationsinstanz für die Versachlichung der Tiere sah?

Will man, wie Schopenhauer, nicht hinter die Einsichten der Kantischen Philosophie zurückfallen, ist eine solche metaphysische Konstruktion natürlich problematisch. Dies sieht er selbst, wenn er etwa betont, »keine transzendente, sondern eine immanente Philosophie zu vertreten, die sich auf das stützt, was sich in der Erfahrung nachweisen lässt.« Eine über das empirisch Erkennbare und Nachweisbare hinausgehende und somit transzendente Erkenntnis der Natur- und Lebenswirklichkeit kommt für eine solche Philosophie nicht mehr in Betracht, da sie der menschlichen Erfahrung unzugänglich, nach Kant »ein glänzender, aber trüglicher Schein« ist. Transzendenz bedeutet in der Folge also: die Schranken jeglicher Erfahrung überschreitend. Demgegenüber bedeutet in dem von Kant eingeführten Sprachgebrauch »immanent«: in den Grenzen möglicher Erfahrung verbleibend.

Tatsächlich hat Kant, an dem auch Schopenhauer sich abarbeiten musste, die Widersprüchlichkeit aufgedeckt, in die jede Metaphysik hineingerät, die auf dem Feld der Religion zu »rational beweisbaren« Ergebnissen kommen will. Indem er solche Metaphysik zerstörte, war es, wie er selbst bekannte, seine Intention, das Wissen aufzuheben, um dem Glauben Platz zu machen. Dies war für ihn freilich der Glaube an die praktische Vernunft, also die wirkende Kraft moralischer Ursachen, d. h. die Sinnerfüllung menschlichen Lebens im moralischen Handeln.

Mit seinen Formulierungen »die Andern sind ihm kein Nicht-Ich, sondern ein ›Ich noch ein Mal‹« und »er fühlt sich allen Wesen im Innern verwandt« weist Schopenhauer auf einen für Kant unangemessenen, weil unvernünftigen Weg. Zugleich ist es aber der für eine tragfähige Religion unerlässliche Weg über die

Erfahrung, die der Mensch machen kann und die immanent und transzendent nicht genau zu trennen vermag – wie es dem Menschen als transzendenzbegabten Wesen aufgegeben ist, sich zwischen diesen beiden Polen zu bewegen.

Erfahrungen des ganz Anderen und doch so Verwandten

»Ich muß es immer wieder sagen: Ich habe keine Lehre. Ich zeige nur etwas. Ich zeige Wirklichkeit, ich zeige etwas an der Wirklichkeit, was nicht oder zu wenig gesehen worden ist. Ich nehme ihn, der mir zuhört, an der Hand und führe ihn zum Fenster. Ich stoße das Fenster auf und zeige hinaus. Ich habe keine Lehre, aber ich führe ein Gespräch.«[20]

In dieser Weise markiert Martin Buber seinen Ansatz. »Ich betrachte einen Baum« – so beginnt eines der ersten Kapitel in seinem grundlegenden Buch »Ich und Du«. Am Beispiel des Baumes markiert er seine schöpfungstheologischen Erwägungen.

»Ich kann ihn als Bild aufnehmen: starrender Pfeiler im Anprall des Lichts, oder das spritzende Gegrün von der Sanftmut des blauen Grundsilbers durchflossen. Ich kann ihn als Bewegung verspüren: das flutende Geäder am haftenden und strebenden Kern, Saugen der Wurzeln, Atmen der Blätter, unendlicher Verkehr mit Erde und Luft – und das dunkle Wachsen selber.«

Er fährt fort, in welcher Weise derselbe Baum noch wahrgenommen werden kann. So kann er botanisch korrekt einer Gattung zugeordnet werden, mit physikalischen Parametern kann vom konkreten Baum abstrahiert werden auf ein allgemeines Gesetz, nach forstwirtschaftlicher Manier kann er als Zahl und Zahlenverhältnis ausgedrückt werden. Der konkrete Baum verflüchtigt sich bei allen diesen Denkansätzen. Denn in allen diesen Betrachtungsweisen bleibt der Baum ein Gegenstand der menschlichen Beobachtungen, die ihm Ort, Frist, Art und Beschaffenheit zuweist. Es gibt aber auch eine andere Form der Betrachtung, die

eine wirkliche Begegnung bewirkt:

> »Es kann aber auch geschehen, aus Willen und Gnade in einem, daß ich, den Baum betrachtend, in die Beziehung zu ihm eingefaßt werde, und nun ist er kein Es mehr.«

Und so, als wolle er sofort allen Vorwürfen der Irrationalität jeglichen Wind aus dem Segeln nehmen, fügt er hinzu:

> »Dazu tut nicht not, daß ich auf irgendeine der Weisen meiner Betrachtung verzichte. Es gibt nichts, wovon ich absehen müßte, um zu sehen, und kein Wissen, das ich zu vergessen hätte.
> Vielmehr ist alles, Bild und Bewegung, Gattung und Exemplar, Gesetz und Zahl, mit darin, ununterscheidbar vereinigt. Alles, was dem Baum zugehört, ist mit darin, seine Form und seine Mechanik, seine Farben und seine Chemie, seine Unterredung mit den Elementen und seine Unterredung mit den Gestirnen, und alles in seiner Ganzheit.«

Wenn Buber an anderer Stelle sein »Credo« formuliert – »Alles wirkliche Leben ist Begegnung« und: »Der Mensch wird am Du zum Ich« –, so macht er hier deutlich, dass dies mit keinem

anthropozentrisch verengten Ausschließlichkeitsanspruch verbunden ist. So gilt auch für den Baum:

> »Kein Eindruck ist der Baum, kein Spiel meiner Vorstellung,
> kein Stimmungswert, sondern er leibt mir gegenüber und
> hat mit mir zu schaffen, wie ich mit ihm – nur anders.
> Man suche den Sinn der Beziehung nicht zu entkräften: Be-
> ziehung ist Gegenseitigkeit.«

Für Buber ist es selbstverständlich, dass es zum Zustandekom-
men einer Beziehung nicht des dezidiert menschlichen Bewusstseins bedarf, und geht mit der Anfrage von potenziellen Kriti-
kern in folgender Weise um:

> »So hätte er denn ein Bewußtsein, der Baum, dem unsern
> ähnlich?
> Ich erfahre es nicht. Aber wollt ihr wieder, weil es euch an
> euch geglückt scheint, das unzerlegbare zerlegen? Mir be-
> gegnet keine Seele des Baums und keine Dryade, sondern er
> selbst.«

Damit eine echte Begegnung des Menschen mit dem Baum und
auch, wie wir noch sehen werden, mit dem Tier zustande kommt,
geht es nicht darum, das Gegenüber zunächst vermenschlichen
zu müssen. Im Geschöpf als solchem begegnet uns unmittelbar
ein Du. Es kommt zu einer Begegnung, die einer rationalisti-
schen Verkürzung dessen entgegenwirken kann, was In-Bezie-
hung-Sein in seiner Tiefendimension meint und ausmacht.
Dezidiert menschlich ist für Buber eine andere Qualität, und
deren Eigenart macht er, der jüdische Philosoph, überraschen-
derweise an Jesus fest:

»Das Gefühl Jesu zum Besessenen ist ein andres als das Gefühl zum Lieblingsjünger; aber die Liebe ist eine. Gefühle werden ›gehabt‹; die Liebe geschieht. Gefühle wohnen im Menschen; aber der Mensch wohnt in seiner Liebe. Das ist keine Metapher, sondern die Wirklichkeit: die Liebe haftet dem Ich nicht an, so daß sie das Du nur zum ›Inhalt‹, zum Gegenstand hätte, sie ist *zwischen* Ich und Du. (...)

Liebe ist ein welthaftes Wirken. Wer in ihr steht, in ihr schaut, dem lösen sich Menschen aus ihrer Verflochtenheit ins Getriebe; Gute und Böse, Kluge und Törichte, Schöne und Häßliche, einer um den andern wird ihm wirklich und zum Du, das ist, losgemacht, herausgetreten, einzig und gegenüber wesend. (...)

Liebe ist Verantwortung eines Ich für ein Du: hierin besteht, die in keinerlei Gefühl bestehen kann, die Gleichheit aller Liebenden.«

Daraus leitet er ab: »Beziehung ist Gegenseitigkeit. Mein Du wirkt an mir, wie ich an ihm wirke.« Der schwerwiegende Irrtum des Rationalismus liegt demnach darin, Gott zur »höchsten Vernunft« zu stilisieren, anstatt jeder theologischen Rede die biblische Offenbarung zugrunde zu legen, wonach der Schöpfer der Welt als »die Liebe« identifiziert wird. Damit erlangen alle Erfahrungen, in denen dieses Geheimnis aufleuchtet, Offenbarungscharakter.

So fährt Martin Buber innerhalb seiner »christologischen Erwägungen« fort und stellt in guter jesuanischer Manier althergebrachte (hier: pädagogische) Dogmen auf den Kopf: »Wie werden wir von Kindern, wie von Tieren erzogen!« Diese Art von Pädagogik ist ein immer wieder vorkommendes Thema, denn Kindern und Tieren ist es eigen, »das schicksalhafte Eswerden alles geeinzelten Du« immer wieder zu unterbrechen. Mit dem »Erschlaffen« der Beziehungskraft nämlich wird jedes »Du« zu einem »Es«, das nun in die Gegenstandswelt eingeordnet wird, um das eigene Leben zu »erleichtern«.

> »Nur Es kann geordnet werden. Erst indem die Dinge aus unsrem Du zu unsrem Es werden, werden sie koordinierbar. Das Du kennt kein Koordinatensystem (...). Geordnete Welt ist nicht die Weltordnung.«

Martin Buber erzählt – das ist die Größe seines Werkes und zugleich seine Grenze. Und immer wieder sind es Begegnungen mit Tieren, in denen die »Duwelt« für einen Moment die alles und alle umgebende »Eswelt« überstrahlt. So beschreibt er, wie er sich immer wieder dem Blick einer Hauskatze stellt. Denn:

> »Das domestizierte Tier hat nicht etwa von uns, wie wir uns zuweilen einbilden, die Gabe des wahrhaft ›sprechenden‹ Blicks empfangen, sondern nur – um den Preis der elementaren Unbefangenheit – die Befähigung, ihn uns Untieren zuzuwenden.«

Mit der gleichen Selbstverständlichkeit, in der sich die Tiere in der Bibel tummeln, haben sie in der Religionsphilosophie Martin Bubers ihren Platz. Und auch Buber sieht die Tiere nicht nur in ihrer selbstverständlichen Beziehung zu ihrem Schöpfer, sondern auch in ihrer Relevanz für den Menschen:

> »Die Augen des Tiers haben das Vermögen einer großen Sprache. Selbständig, ohne einer Mitwirkung von Lauten und Gebärden zu bedürfen, am wortmächtigsten, wenn sie ganz in

ihrem Blick ruhen, sprechen sie das Geheimnis in seiner na-
turhaften Einriegelung, das ist in der Bangigkeit des Wer-
dens aus. Diesen Stand des Geheimnisses kennt nur das Tier,
nur es kann ihn uns eröffnen.«

Tiere sprechen uns auf verschiedenen Wegen an. Diese Sprache
des Tieres – als »Stammeln der Natur unter dem ersten Griff des
Geistes« – erreicht den Menschen so wie in der eingangs beschriebenen Begegnung, die als das »kosmische Wagnis« definiert wird. Das Tier stellt Fragen, seine Augen stellen den in den
Blick Genommenen existenziell infrage. Buber erlebt sich in der
Begegnung mit der Katze von ihrem Blick angefragt: »Kann das
sein, daß du mich meinst? Willst du wirklich nicht bloß, daß ich
dir Späße vormache? Gehe ich dich an? Bin ich dir da? Bin ich da?
Was ist das da von dir her? Was ist das da um mich her? Was ist
das an mir? Was ist das?«
Diese Begegnung gehört zu jenen, die den Menschen mit der
Härte eines Unbedingtheitsanspruches erschüttern. Es ist eine
ihn im Innersten treffende und betroffen machende Wirklichkeit, die als solche erst einmal so ist, wie sie ist, und die nicht
danach fragt, ob diese dem Menschen angenehm oder unange-
nehm ist.
Dort allerdings, wo Kind und Tier sich begegnen, haben Begegnungen einen anderen Charakter, der sich jeder intellektuellen
Einordnung entzieht und ein erhellendes Licht auf die Vorbild-
funktion wirft, die die Kinder in der Predigt Jesu erlangen (vgl.
Mk 9,36; Mt 18,3f); und sie werden darin zum Prototypus derje-
nigen, die umkehren.
Im Prozess des Erwachsenwerdens kommt es dann irgend-
wann zu dem, was Buber die »Rückbiegung« nennt. Was in
dieser »Grundbewegung« geschieht, macht Buber an einer

längeren Erzählung deutlich. Es sei erlaubt, um der Einzigartigkeit und Kraft seiner Sprache Raum zu geben – und weil
die Macht des Narrativen in gewisser Weise der Wissenschaft
überlegen ist –, diese Geschichte hier in Gänze wiederzuge-
ben:

»Elfjährig, auf dem Gut meiner Großeltern den Sommer ver-
bringend, pflegte ich mich, sooft ich es unbeobachtet tun
konnte, in den Stall zu schleichen und meinem Liebling, einem breiten Apfelschimmel, den Nacken zu krauen. Das war
für mich nicht ein beiläufiges Vergnügen, sondern eine
große, zwar freundliche, aber doch auch tief erregende Begebenheit. Wenn ich es jetzt, von der sehr frisch gebliebenen
Erinnerung meiner Hand aus, deuten soll, muß ich sagen:
was ich an dem Tier erfuhr, war das Andere, die ungeheure
Anderheit des Anderen, die aber nicht fremd blieb, wie die
von Ochs und Widder, die mich vielmehr ihr nahen, sie be-
rühren ließ.
Wenn ich über die mächtige, zuweilen verwunderlich glatt-
gekämmte, zu andern Malen ebenso erstaunlich wilde
Mähne strich und das Lebendige unter meiner Hand leben
spürte, war es, als grenzte mir an die Haut das Element der
Vitalität selber, etwas, das nicht ich, gar nicht ich war, gar
nicht ichvertraut, eben handgreiflich das Andere, nicht ein
anderes bloß, wirklich das andere selber, und mich doch he-
ranließ, sich mir anvertraute, sich elementar mit mir auf Du
und Du stellte.
Der Schimmel hob, auch wenn ich nicht damit begonnen
hatte ihm Hafer in die Krippe zu schütten, sehr gelind den
massigen Kopf, an dem sich die Ohren noch besonders
regten, dann schnob er leise, wie ein Verschworener seinem

Mitverschworenen ein nur diesem vernehmbar werden sollendes Signal gibt, und ich war bestätigt.

Einmal aber – ich weiß nicht, was den Knaben anwandelte, jedenfalls war es kindlich genug – fiel mir über dem Streicheln ein, was für einen Spaß es mir doch mache, und ich fühlte plötzlich meine Hand.

Das Spiel ging weiter wie sonst, aber etwas hatte sich geändert, es war nicht mehr Das.

Und als ich tags darauf, nach einer reichen Futtergabe, meinem Freund den Nacken kraute, hob er den Kopf nicht. Schon wenige Jahre später, wenn ich an den Vorfall zurückdachte, meinte ich nicht mehr, das Tier habe meinen Abfall gemerkt; damals aber schien ich mir verurteilt.«

Wesentlich für den hier erzählten Prozess der »Rückbiegung« ist die Tatsache, dass darin der/das Andere lediglich zum eigenen Erlebnis verkommt, nur noch als »eine Meinheit« besteht.

> »Da wird dann Zwiesprache zum Schein, der geheimnishafte Verkehr (...) wird nur noch gespielt, und in der Ablehnung des gegenüberlebenden Wirklichen beginnt sich die Essenz aller Wirklichkeit zu zersetzen.«

Was Buber hier am Beispiel des Elfjährigen deutlich macht, lässt sich auf den ontogenetischen wie phylogenetischen Prozess des Erwachsen- bzw. Menschwerdens insgesamt übertragen.

Dies kann verdeutlicht werden, indem wir noch einmal den »Interplanetarier« bemühen, der sich in der Abwendung von der eigenen Geschöpflichkeit und der natürlichen Mitwelt zu definieren versucht. Der »Interplanetarier« steht dabei ebenso prototypisch für den Menschen, wie er sich in den Industrienationen gebärdet, wie für den Einzelnen, der immer noch konsumistisch um sich und seine Bedürfnisse kreist. In Bubers Konzept geschieht Erwachsenwerden im Sich-Einlassen auf den »geheimnishaften Verkehr« mit der Wirklichkeit, die sich genau dann verschließt, wenn wir sie rationalistisch verkürzen und zur »Eswelt« degradieren. Der Dialog erstirbt, denn der Zugang zur Welt und ihrer eigentlichen Wirklichkeit, den Kinder wie Tiere anmahnen und offen halten, entzieht sich dieser Einordnung und entzieht sich dem rationalen Tun.

In diesem Ansatz Bubers leuchtet auf, was die »natürliche Theologie«, die bis in die Renaissance hinein selbstverständlich war, auszeichnete: sich von der Natur und ihrer unergründlichen Geheimnishaftigkeit auf dem Weg der Gott- und Sinnsuche leiten zu lassen. Der heute oft beschrittene gegenteilige, »rückbiegende« Weg verdankt sich einer anderen Methode: Es gilt, von einem Begriff von Gott her die Welt zu deuten. Die Welt ist dann letztlich so, wie sie sich der Mensch ausdenkt, der Schöpfer wird zu einem Gegenstand unter anderen, dessen Einzigartigkeit nur noch formelhaft proklamiert wird. Am Ende ist das unergründliche Geheimnis Gottes, das im Modus des Reflektierens und Meditierens nur noch unverstehbarer wird, lediglich ein Rätsel, das durch genügende Anstrengung des Denkens zu lösen ist.

Hinweis auf den ganz Anderen

Für Buber ist Gott dagegen »das ewige Du«. Das Leben des Menschen ereignet sich wesentlich in seiner »Zwiesprache« mit Gott, der für den Religionsphilosophen Martin Buber das »ganz Andere« ist –

MIT-GESCHÖPFLICHKEIT

»aber er ist auch das ganz Selbe: das ganz Gegenwärtige. Gewiß ist er das Mysterium tremendum, das erscheint und niederwirft; aber er ist auch das Geheimnis des Selbstverständlichen, das mir näher ist als mein Ich.«[21]

Die Kunst besteht folglich darin, die alltäglichen und dem Menschen entgegenkommenden Ereignisse nicht zum »Es« erstarren zu lassen, sondern sie als Botschaften des ewigen Du zu erleben.

Ganz von der biblischen Theologie geprägt warnt Josef Sudbrack davor, Gott zum Objekt des Glaubens degenerieren zu lassen. In der Liebe – verstanden in der Weise, wie Buber sie als Beziehung beschreibt – ist diese »dichteste und, auch ontologisch gesehen, die erste, alles weitere begründende Wirklichkeit zu suchen (...); es ist keine Subjektivität, die alles Objektive aufzehrt, sondern die Begegnung, die Beziehung von Subjekt zu Subjekt.«[22] So entsteht eine Einheit im Ganzen, die nicht von einer Überwindung der Verschiedenheit her zu verstehen ist, sondern im Gegenteil: von der Begegnung her, die den Anderen als Anderen erkennt.

Für Josef Sudbrack sind damit die »drei Paradigmen von Erfahrung« berührt, die sich in den Dokumenten der Mystik aufweisen lassen: Dies sind Naturmystik, in der der Mensch sich »aufgelöst und eingebettet im kosmischen Rhythmus des Stirb und Werde erfährt; Selbstmystik, die gegenstandslos in der Unendlichkeit des Selbst ruht; Gottesmystik, die gipfelt in der Hingabe an das transzendente Absolute.«

Wenn den Tieren innerhalb dieser mystischen Denkmuster eine Schlüsselrolle zukommt, führte dies zu einem Paradigmenwechsel bezüglich unserer Mitgeschöpfe, dessen Konturen nun beschrieben werden sollen.

Von der mystischen Einheit von Tier, Mensch und Gott

Die bereits beschriebene Begegnung aus Numeri 22,21–35 gilt es im Zusammenhang der mystischen Einheitserfahrung von Welt näher zu beleuchten. Dabei stellen sich die beiden folgenden Fragen an den Text: Welche Aussage über das Wesen des Tieres soll damit gemacht werden? Was bedeutet es innerhalb der biblischen Symbolwelt, eines Engels ansichtig zu werden?

Zuerst zur zweiten Frage. Grundsätzlich legt das Erste Testament Wert auf die Botenfunktion, nicht auf die »Natur« dieser Boten des lebendigen Gottes. Von daher ist es legitim, den Engel etwa auch als »Symbolwort für die Mobilisierung der eigenen Kräfte« zu verstehen und im aktuellen Engel-Boom eine Sehnsucht nach Befreiung von banalen und einengenden Lebensverhältnissen auszumachen. Dann kann es wohltuend sein, auf einen Engel verwiesen zu werden, der »der Sehnsucht Flügel verleiht«, »an die Hand nimmt« oder »an die Melodie des Herzens erinnert«; auch »Engel der Zärtlichkeit, des Aufbruchs und der Ausgelassenheit« können den suchenden Menschen inspirieren. Aber gehört eine Literatur dieser Couleur nicht eher in eine Bibliothek für »interplanetarische« Spiritualität als in eine für biblisch-fundierte? Passt die hier markierte Ausrichtung nicht eher zur geistlichen Verortung des »Homo interplanetaris praedator« – eben in himmlische Sphären?

Durch die einseitige Betonung der Nähe des Menschen zu den Engeln wird einmal mehr das in der biblischen Anthropologie grundgelegte Gleichgewicht aus den Angeln gehoben. Denn dort hat der Mensch seinen Platz genau in der Mitte *zwischen* Tier und Engel. Erinnern die Mitgeschöpfe an die ursprüngliche Beheimatung im »Hier und Jetzt«, konfrontieren Letztere mit der

Wirkmächtigkeit und Kraft des »ganz Anderen«. Eingespannt und gehalten zwischen diesen Polen hat der Mensch seiner Rolle als Ebenbild Gottes gerecht zu werden.

Der Engel in Numeri 22 will den verblendeten Seher Bileam wohl kaum an die »Melodie seines Herzens« erinnern; näher als jede verharmlosende Interpretation der Boten Gottes steht die Dichtung Rainer Maria Rilkes der biblischen Deutung. So zeichnet er in der ersten Duineser Elegie folgendes, der ersttestamentlichen Intention hoch angemessenes Bild:

»Wer, wenn ich schriee, hörte mich denn aus der Engel
Ordnungen? und gesetzt selbst, es nähme
einer mich plötzlich ans Herz: ich verginge von seinem
stärkeren Dasein. Denn das Schöne ist nichts
als des Schrecklichen Anfang, den wir noch grade ertragen,
und wir bewundern es so, weil es gelassen verschmäht,
uns zu zerstören. Ein jeder Engel ist schrecklich.
Und so verhalt ich mich denn und verschlucke den Lockruf
dunkelen Schluchzens. Ach, wen vermögen
wir denn zu brauchen? Engel nicht, Menschen nicht,
und die findigen Tiere merken es schon,
daß wir nicht sehr verläßlich zu Haus sind
in der gedeuteten Welt ...«[23]

Zur Naturmystik

Jane Goodall, die aufgrund ihrer langjährigen intensiven Arbeit mit Schimpansen alles andere als eine romantisierende Sicht der Natur und »ihrer« Tiere erlangt hat, beschreibt in ihrer Autobiografie folgendes Ereignis:

Es ist im Mai 1981, nach dem Tod ihres Mannes Derek, als sie nach Gombe zurückkehrt. Eigentlich will sie diesmal die Schimpansen nicht beobachten, sondern nur ihre Gesellschaft genießen. Nach einem Gewitter sitzt sie an einem vertrauten Ort unter einer Palme im Regen. Sie sieht eine junge Schimpansenmutter, die sich vornüber gebeugt hat, um ihr Kind zu schützen, ein junges Männchen, das sich im Nest dicht an sie drückt und ein weiteres, das mit gebeugtem Rücken auf einem Ast kauert. »Ich verlor jedes Zeitgefühl. Die Schimpansen und ich bildeten eine stille, klaglose Einheit.«²⁴ So erzählt Jane Goodall, die in dieser Situation eine sehr intensive, alles durchdringende spirituelle Erfahrung gemacht hat:

> »Mein Ich war nicht mehr da; die Schimpansen und ich, Erde, Bäume und der Himmel schienen miteinander zu verschmelzen und eins zu werden mit der geistigen Kraft des Lebens.«

Die Naturwissenschaftlerin, die sonst so nüchtern beobachtet und akribisch genau beschreibt, wagt eine Aussage, die sonst nur bei großen Mystikern zu finden ist. Erst der Chor der laut rufenden Schimpansen holt sie ins Alltagsbewusstsein zurück. Wenig später versucht Jane Goodall für sich zu klären, was sich ereignet hat, und sie kommt zu dem Schluss, dass es viele Fenster gibt, um die Welt zu erkennen und um einen Sinn zu finden. Die westliche Wissenschaft habe ihr eines geöffnet, um in sorgfältigen Aufzeichnungen und kritischen Analysen die Welt der Schimpansen und ihr komplexes Sozialverhalten ein wenig zu erhellen. Aber es gäbe noch ein anderes Fenster, das sich den Heiligen, den Mystikern und den Begründern der großen Weltreligionen geöffnet habe.

»An jenem Nachmittag war es gewesen, als hätte eine un-
sichtbare Hand einen Vorhang beiseite gezogen, so dass ich
für den Bruchteil eines Augenblicks durch ein solches Fenster schauen konnte.«

Jane Goodall beschreibt das grundsätzliche und eben nicht auflösbare Paradoxon von Sich-Verlieren und Selbst-Werdung in ein
und derselben Erfahrung.

Wenn diese »Ekstase« auf Gott hin dem Menschen zur Einheits-
Erfahrung wird, beginnt dieser zu ahnen, dass Gott nicht nur
das Du ist, dem er in Liebe begegnet, sondern auch der Grund,
der die Einheitserfahrung trägt. Josef Sudbrack weist darauf
hin, dass jedes eindimensionale Sprechen von Gott und damit
von Erfahrungen seiner Gegenwart – nur »gegenüberstehendes
Du« oder nur »Meer der Seinseinheit« – dieser göttlichen Wirklichkeit überhaupt nicht gerecht wird. Denn Gott, dem das Geschöpf immer auch gegenübersteht, ist zugleich die schöpferi-
sche Kraft, die diese Erfahrung von Gottes Du erst möglich
macht – oder in der christlichen Sprache vom dreieinigen Gott:
Der eine Gott ist zugleich der, der mich als Schöpfer übersteigt
und mir in Christus sein ewiges Wort, das Mensch wurde, zu-
spricht, wie auch der Geist, der alles durchlebt und zum göttlichen Du hin öffnet.
Die naturmystische Erfahrung, wie sie Jane Goodall beschreibt,
ermutigt Exerzitienmeister und geistliche Lehrer jedweder religiösen und konfessionellen Prägung, die Natur als »Lehrmeisterin« ernst zu nehmen und sich ihrer besonderen Pädagogik
anzuvertrauen.
Franz Jalics – in der großen jesuitischen Exerzitientradition ste-
hend – tituliert die natürliche Mitwelt als solche und empfiehlt
sie den Übenden, um den Weg in die Wahrnehmung zu finden.

Denn man muss kein großer geistlicher Meister sein, um zu wissen, dass der Weg zu Gott sich durch die Wahrnehmung öffnet und nicht durch das diskursive Denken. Gott ist da, aber wir nehmen ihn nicht wahr.

Rolle der Tiere in der mystischen Naturerfahrung

Sind sie interessante Accessoires innerhalb einer zur inneren Ruhe führenden naturalen Choreografie? Die Erfahrung Jane Goodalls, die wie kaum eine andere die hellen und dunklen Seiten der Schimpansen erlebt hat, zeigt den Weg zu einer neuen Bewertung der Tiere innerhalb der Naturmystik; eine Weise, die dazu führt, sich die große »Lehrmeisterin Natur« nicht länger in ästhetischer Betrachtung »vom Leibe zu halten«. In den Tieren – wir erinnern uns an Martin Buber – begegnet uns das ganz andere und doch noch so vertraute Du.

Dem Menschen als dem »Neinsagenkönner« und »Protestanten gegen alle bloße Wirklichkeit«, so Max Scheler, kommt das Tier konfrontativ entgegen als dasjenige Verwandte, »das immer ›Ja‹ zum Wirklichsein sagt – auch da noch, wo es verabscheut und flieht«. Innerhalb des Konzepts des Anthropologen lebt das Tier immer ganz in die konkrete Wirklichkeit seiner jeweiligen Gegenwart hinein, während der Mensch seine eigene Herzensleere als eine »unendliche Leere« des Raumes und der Zeit anblicken und erleben muss.

Die Tiere verkörpern – je nach Gattung und evolutionsbiologischer Nähe zum Menschen anders und mehr oder weniger intensiv – jene Kraft des Ja, die dessen existenzielle Infragestellung (noch) nicht kennt.

Zur Selbstmystik

Meister Eckhart (ca. 1260–1328)[25] war gewiss kein Mystiker, der die Erfahrungskenntnis von Gott im Sinne spektakulärer seelischer Ereignisse und »senkrecht einfallender Theophanien« verstanden hat. Seine Einheitserfahrung mit Gott stellt kein isoliertes Ereignis im Sinne der älteren Kontemplationsmystik dar, sondern »die währende Seinsgegenwart Gottes am Grund der menschlichen Existenz«.

Da alles Sein nur in Gott gegeben ist, d. h. in Gott als dem Ursprung von allem Geschaffenen, ist der Weg der Geschöpfe zu Gott eine »mystische Rückkehr«. Eckhart erklärt dies in seiner Lehre vom doppelten Sein alles Geschaffenen:

> »Jedes Geschöpf hat ein zweifaches Sein. Das eine ist in seinen ursprünglichen Ursachen, jedenfalls im Wort Gottes, und das ist ein festes und beständiges Sein. Deswegen ist auch das Wissen von vergänglichen Dingen selbst unvergänglich, fest und beständig. Denn das Wissen erfaßt ein Ding in seinen Ursachen.
>
> Das andere (Sein) ist das Sein, das die Dinge in der äußeren Wirklichkeit, in der ihnen eigentümlichen Form haben. Das erste ist das Sein in der Kraft (ihrer Ursache), das zweite ist das durch die (eigene) Form bestimmte Sein, und das ist meist unstet und veränderlich.«

Dem »Sein in der Kraft« steht also das »durch die eigene Form bestimmte Sein« gegenüber, das »esse virtuale oder causale« dem »esse formale«. Ist das Sein, das Gott ist, durch Beständigkeit gekennzeichnet, ist das Seiende der Welt durch seine Nichtigkeit geprägt. Für Meister Eckhart, der damit in einer langen antiken und mittelalterlichen Tradition steht, kann das Seiende sein wahres und wirkliches Sein nur in Gott und nicht in sich selbst haben. Dieses Sein gilt es zurückzugewinnen und darin den von Gott geplanten Urbildcharakter; denn dieser allein verleiht dem Abbild seine (allerdings flüchtige) Seinsform. Die »Kraft in der Seele«, von der der Mystiker des Öfteren spricht, ist nichts anderes als »das im konkret seienden Geschöpf anwesende esse virtuale, das archetypische Sein, wo noch ungeschieden alles Geschaffene (das Glühwürmchen wie die Mücke und der Mensch) als Gott in Gott ruht«. Wer so denkt, kann keine Anthropologie mit dem Rücken zum Tier verfassen wie es für die Neuzeit typisch geworden ist.

So wie der biblische Mensch, so nimmt auch der innerhalb einer mystisch bestimmten Denkform lebende Mensch die Tiere selbstverständlich mit in den Blick, da sie ihn an die Notwendigkeit erinnern, die sinnliche Wahrnehmung als Anfang jedes vernünftigen Denkens und Glaubens immer neu zu schulen. Ihre »Verwurzelung im Hier und Jetzt« bildet das heilsame Korrektiv zu allen vermeintlich frommen und ausgedachten Weltflucht-tendenzen des Menschen, die gerade zum Verlust der Unmittelbarkeit Gottes führen.

Nicht nur im Rahmen kontemplativer Lebenserschließung und -gestaltung, sondern auch in bestimmten Therapieformen wird die Seinsweise der Tiere (neu) ernst genommen. Es sind jene Konzepte, die die Notwendigkeit der »Achtsamkeit« betonen und von jener Kraft profitieren, die (nicht nur) »höhere« Säuger wie Pferd, Hund und Delfin für den Menschen selbstverständlich aufbringen. Am deutlichsten wird diese Potenz der Tiere, wenn sie etwa dazu führt, autistische Kinder – also solche, die nicht zur Kontaktaufnahme fähig sind – aus der Isolation zu bewegen.

Zur Gottesmystik

Die Gefahr, Frömmigkeit zur egoistischen Selbstbespiegelung verkommen zu lassen, ist Meister Eckhart wahrscheinlich aus eigener seelsorglicher Erfahrung bekannt. Doch darf es letztlich nicht um einen selbst, sondern immer nur um Gott gehen, der in seinem Wesen alle menschlichen Ansichten, Bilder und Begriffe überwindet. In konsequenter Fortführung und Anwendung des biblischen Bilderverbotes erstrebt der Mystiker die Aufgabe aller Anschauungen, damit Gott in seiner fundamentalen Andersheit nicht eingeschränkt und »nutzbar« gemacht werde. Dies ist aber keine Absage an die Gottessuche des Menschen. Meister Eckhart verwendet in diesem Zusammenhang immer wieder das Wort von der »Abgeschiedenheit«:

> »Wenn ich predige, pflege ich zu sprechen von Abgeschiedenheit und daß der Mensch ledig werden soll seiner selbst und aller Dinge. Zum zweiten, daß man wieder eingebildet werden soll in das einfaltige Gut, das Gott ist. Zum dritten, daß man des großen Adels gedenken soll, den Gott in die Seele gelegt hat, auf daß der Mensch damit auf wunderbare Weise zu Gott kommt. Zum vierten von der Lauterkeit göttlicher Natur – welcher Glanz in göttlicher Natur sei, das ist unaussprechlich. Gott ist ein Wort, ein unausgesprochenes Wort.«

»Abgeschiedenheit« führt mitten in die Paradoxie des mystischen Glaubensweges, dessen Ziel es ist, dass wir für Gott ledig werden, in allem Tun nach Gott streben und zugleich versuchen so von ihm zu sprechen, dass wir die Begriffe und Bilder, die wir für Gott verwenden, zugleich auch wieder verneinen, da sie niemals Gott in seinem Wesen umschreiben können. Der irdisch gewonnene Begriff etwa des Lichtes, der Liebe oder der Gerechtigkeit ist so richtig wie falsch, da er aus dem Erleben dieses oder jenes Lichtes, dieser oder jener Erfahrung von Liebe und Gerechtigkeit gebildet wurde. Ein solches unterscheidbares Licht, eine solche Liebe und Gerechtigkeit ist Gott, der Licht, Liebe und Gerechtigkeit ist, aber nicht. Abgeschiedenheit meint dann das völlige Gestorbensein gegenüber allem Hinderlichen auf diesem geistlichen Weg, das eigentliche »Durchgebrochensein« in die »Weiselosigkeit«, »Ledigkeit«, »geistige Armut« und Gelassenheit, damit Gott erkannt werden kann. Und nur wenn der Mensch ganz und gar leer wird und in eine unbegrenzten Offenheit findet, können die göttlichen Gnadenströme fließen, da das Leersein der Kreatur Gott in ihr voll sein lässt wie umgekehrt, das Vollsein der Kreatur an Vorstellungen, Bildern und Begriffen Gott in ihr leer sein lässt.

Der Verzicht, den die Haltung der »Abgeschiedenheit« nach sich zieht, ist demnach total und hat weitreichende Konsequenzen für ein religiöses Leben. Denn nicht nur Details innerhalb eines Lebensentwurfes und einzelne Frömmigkeitsübungen sind fragwürdig, sondern selbst und gerade die fromme Zuwendung zu Gott muss in ihrem subjektiv-egoistischen Charakter durchschaut und demontiert werden: Wir müssen Gott bitten, dass »man Gott um Gottes willen lasse«. Denn nur so ist die nicht beschreibbare Größe Gottes zu fassen. Denn in ihrem negativen Aspekt ist die Abgeschiedenheit des Menschen nichts anderes als die »existentielle Wahrnehmung der Nichtigkeit und Seinslosigkeit, des bloßen Bildcharakters der menschlichen Existenz (...), während Abgeschiedenheit nach ihrer positiven Seite die letztliche gnadenhafte Einheit des Geschöpfs in und mit Gott meint«.

In diesem Zusammenhang taucht immer wieder der Begriff »Gottheit« bei Eckhart auf und markiert Gott »unter dem Aspekt seiner Einheit«, während der Begriff »Gott« Gott »unter dem Aspekt der dreifaltigen Selbstentäußerung nach außen« ist. Für den Menschen heißt dies, dass seine Hineinnahme in die göttliche Abgeschiedenheit und Gottheit ihren Ermöglichungsgrund in jener göttlichen Selbstergießung in die Schöpfung hat. Denn alle Geschöpfe haben von sich her kein eigenes Sein, ihr Sein ist bestimmt von der Gegenwärtigkeit Gottes.

Und es ist allein der Mensch, der diese doppelte Erfahrung – der Nichtigkeit einerseits und der Seinsgnade andererseits – in seinem Leben »ratifizieren« muss. Auf verschiedene Weise kann er die grundsätzliche Wehrlosigkeit und Offenheit, die die Abgeschiedenheit mit sich bringt, erleben. Aber gerade das Leid ist nach Eckhart »das schnellste Tier«, das den Menschen in die Abgeschiedenheit verfügt, »und sie ist daher notwendig«. Das Leiden ist aber keineswegs als mutwilliges Quälen zu verstehen, denn Gott lässt den Menschen in seiner Not niemals allein:

> »Zum dritten sage ich: Daß Gott mit uns im Leiden ist, heißt, daß er selbst mit uns leidet. Fürwahr, wer die Wahrheit erkennt, der weiß, daß ich wahr spreche. Gott leidet mit den Menschen, ja, er leidet auf seine Weise eher und ungleich mehr, als der da leidet, der um seinetwillen leidet.
> Nun sage ich: Will denn Gott selbst leiden, so soll ich gar billigerweise auch leiden. Noch bleibt der siebte Trostgrund in dem Worte, daß Gott mit uns ist im Leiden und mit uns mitleidet; daß uns Gottes Eigenart kräftig zu trösten vermag. (...) Alles, was der gute Mensch um Gottes willen leidet, das leidet er in Gott, und Gott ist mit ihm leidend in seinem Leiden.«

Innerhalb dieses Nachdenkens über das Leiden des Menschen und den liebenden Gott ist keine Tendenz zur Apathie oder Fatalismus auszumachen.

Vom Glück des Lebens

»Ihr Glücklichen, die ihr das Glück nicht kennt«, formuliert Reiner Kunze in einer Ode an seine Koi.[26]

Das Leben der Tiere – das stattfindet *vor* jeder Fragwürdigkeit des Lebens – trägt die Signatur jener Unmittelbarkeit, den Seinsgrund berührend, die in der Weise des Denkens nie erreicht wird. Es ist einfach Leben, das leben will.

Erst eine Zusammenschau der *drei* Facetten des Mensch-Tier-Verhältnisses – der ethischen, partnerschaftlichen und mystischen Komponente – vermag den verhängnisvollen Irrtum über das Wesen unserer Mitgeschöpfe zu widerlegen und den Menschen zugleich zu einer angemessenen Spiritualität zu ermutigen, von der Mystiker aller Religionen sprechen:

»Suche dein Glück und deine Freude nicht in dem, was du in deinem Beten von Gott zu hören oder zu spüren glaubst, sondern vielmehr in dem, was du weder empfinden noch wahrnehmen kannst (...).

Gott bleibt immer verborgen und nur schwer zu finden. Selbst wenn du meinst, ihn gefunden, erfahren oder erspürt zu haben, höre nicht auf, dem zu dienen, der im Verborgenen wohnt.

Je weniger du begreifst, desto näher wirst du Gott kommen!«[27]

Chancen für ein neues Verhältnis von Mensch und Tier

Verleiblichung als Aufgabe des Menschen

Für Karl Rahner ist der Mensch »Geist in Welt«. Diese Wesensbestimmung hat er an einem Text von Thomas von Aquin herausgearbeitet, den die Tatsache der menschlichen Leib-Seele-Einheit außerordentlich beschäftigt hatte. Rahner legt den Gedanken des Thomas von Aquin so aus, dass der menschliche Geist, der Intellekt, sich nur leiblich vollziehen kann, dass also menschliche Erkenntnis nur möglich ist »in der Zuwendung zu den Phantasmata, wie Thomas sagt (STh I.qu.84,a.7), also in der sinnlichen Wahrnehmung«. Der »Selbstbezug des Geistes« ist nach Thomas immer an die körperliche, sinnliche Wahrnehmung gebunden und kann sich nur darin »verwirklichen« – und genau darin lasse sich das Wesen des Menschen fassen. Die Seele ist dabei die »einzige Form des Leibes« – oder in der von Aristoteles übernommenen Begrifflichkeit: »Anima est unica forma corporis«.

Gegen jeden Dualismus geht es Thomas um die Einheit von Materie und Geist im Menschen, also um die Wiedergewinnung des biblischen Menschenbildes, das den Adam, den »Mann aus Erde«, den von der »Adamah« genommenen »Ackerling und Erdling« als eine Ganzheit, eine Einheit aus Ackerboden und Lebensodem sieht.

Wie wir im Blick in die europäische Denkgeschichte gesehen haben, war dieses biblische Bild im Laufe der Jahrhundert übermalt und durch dualistische Züge bis zur Unkenntlichkeit entstellt worden: Zwei getrennte, selbständige Seiende schienen im Menschen auf eine unzureichende Weise zusammengefügt. Und ausgerechnet mit griechisch-aristotelischer Begrifflichkeit gewinnt der heilige Thomas – übrigens auch im Blick auf die Tiere – die ursprüngliche Sicht der Einheit wieder: Es gibt im Menschen – so Thomas – nur ein Wirklichkeitsprinzip (das meint der Begriff forma!), nur die Geistseele, und diese vollzieht sich in dem Möglichkeitsprinzip, der »materia« so, dass der eine und ganze Mensch gebildet wird.

Miteinander die Schöpfung feiern

Für Theodor Schneider ist auf dem Hintergrund dieser Anthropologie der Leib des Menschen »Realsymbol« und spielt als solcher in seiner Sakramententheologie eine grundlegende Rolle. Denn der Ausdruck »Realsymbol Leib« will dann sagen: Unsere Leiblichkeit ist ein »realisierendes Zeichen« – als solches unterscheidet sie sich wesentlich von Zeichen, die lediglich informieren. Der Leib ist ein Zeichen, das unmittelbar das verkörpert, realisiert und vollzieht, worauf er aufmerksam macht: Er ist »Zeichen, Sichtbarkeit der Person«. In ihm verwirklicht sich die Person, der Leib ist verwirklichendes Zeichen für diesen Menschen, für sein Ich, sein Verhalten, sein Denken und Handeln, seinen »Selbstvollzug«.

Dieses unterscheidet sich vom »informierenden Zeichen«, das auf etwas anderes, von ihm Getrenntes, aufmerksam macht, wie z. B. ein Verkehrszeichen, das auf einer mehr oder weniger willkürlichen Übereinkunft beruht.

Auf dem Hintergrund der Erkenntnisse über das Wesen des Tieres und auch unter Berücksichtigung der etymologischen Erkenntnisse (»animalisch« wird erst ab dem 17. Jahrhundert mit »fremd« gleichgesetzt – bis dahin beschrieb es »Atem« und »Seele«) kann dem Leib, dem »animal«, der Charakter des Real-Symboles zugesprochen werden, erinnert es doch den Menschen an seine wesentliche, einheitliche und nicht gespaltene Persönlichkeit als »anima« und »animus«.

Laut Auskunft der Bibel ist dem »Adam« das Tier offenbar als leibhaftige Erinnerung an die Seite gestellt worden – so als hätten die Autoren geahnt, dass die Leib- und Schöpfungsvergessenheit des Menschen, der so sein will »wie Gott« (vgl. Genesis 3,5), zur Gefahr für ihn selbst und die ihm anvertraute Mitwelt werden könnte.

Epilog

»Dann gedenke ich des Bundes, der besteht zwischen mir und euch und allen Lebewesen.« (Genesis 9,15)

Meine Kindheit ist ohne die Tiere nicht zu denken; und natürlich gab es neben denen, die sich in Feld, Wald und Bach tummelten, auch die Favoriten zu Hause: Unser – leider erblindeter – Dackel hieß »Strolchi«, mein grün-gelber Wellensittich »Jacky« und die alte Schildkrötendame versehentlich »Sir Harry«. Selbstverständlich redete ich mit ihnen und wusste, dass sie mich auf ihre je eigene, nicht-menschliche Weise verstanden; manchmal sogar mehr als mein Bruder. Mit ihnen fühlte ich mich »im Bunde«, und dass ich ihnen einen Namen gab, war selbstverständlich.

Heute denke dabei ich an Noah und Adam. In diesen biblischen Archetypen bündeln sich tiefe und kostbare Erfahrungen der Menschheit mit ihren schillernden Mitgeschöpfen. Wenn der erste Mensch den Tieren einen Namen gibt, heißt dies, dass er sich in ein Vertrauensverhältnis zu ihnen begeben soll. Ein »Erfahrungswissen über die Naturen der Tiere« soll er sich aneignen, wie Thomas von Aquin sagt. Das, wofür das Tier steht, soll und kann ich auch in meiner eigenen Erfahrungswelt, meiner »inneren Landschaft« entdecken. Manches wird mich dann freuen und über manches werde ich mich erschrecken: dass ich so treu, aber manchmal auch devot und angepasst bin wie ein Dackel; freiheitsliebend und zum Fliegen begabt, aber eingesperrt wie der Wellensittich; zudem äußerst robust, aber abhängig von Außenwärme wie die kaltblütige Schildkröte Sir Harry. Ein eher intuitives Wissen um die wesensmäßige Verbundenheit mit den Tieren gehört in das Grundrepertoire einer gelungenen Kindheit. Wenn heutige Pädagogik und Psychologie von emotionaler und sozialer Kompetenz sprechen, können sie problemlos hier anknüpfen. Ebenso an die in diesem Büchlein skizzierten verhaltensbiologischen Befunde aus dem Tierreich.

Einen Namen hatten sie allesamt nicht: die allein im Jahr 2009 geschlachteten Tiere: 56 415 489 Schweine, 3 803 554 Rinder, Kälber und Jungrinder, 1 045 718 Schafe und Lämmer, 27 821 Ziegen, 9 413 Pferde. Dazu kommen 584 952 800 männliche und weibliche »Gebrauchsküken«, 40 Millionen Hahnenküken wurden zudem vergast, geschreddert oder durch Elektroschocks getötet, weil sie für die Eierproduktion unbrauchbar waren.
All dies geschieht in riesigen Fabrikanlagen auf dem Lande, die Transporter fahren meistens nachts. Auf deren Werbeflächen und den Bildern der vielen Verpackungen der Hühner- und Putenbrüste und dem Schweinefilet für 1,99 Euro »lächeln« uns die Gequälten auch noch an. Und welches »Leben« durfte das Schwein führen, dessen Fleisch den unnachahmlichen Geschmack des Burgers für einen Spottpreis ausmacht? Es hat nie

die Sonne gesehen, seine einige Monate dauernde Existenz auf Spaltböden nennt die Industrie »Fleischveredelung«.

Sie sind nicht nur namenlos geblieben – wurden sie von denen, die sich Christen nennen, eigenmächtig aus dem Bund entlassen. Wenn wir Christinnen und Christen es mit der Bewahrung der Schöpfung ernst meinen, braucht es einen neuen Lebensstil. Denn die Küken und Jungrinder sind keine Rohlinge der Fleischindustrie, sondern Gottes geliebte Geschöpfe, die zumindest bei ihm allesamt (!) einen Namen haben.

Prophetischer könnte die Kirche werden und die Gemeinden! Denn die Frage, wie die Welt die ökologische Katastrophe überwinden kann, richtet sich an uns Menschen, die menschlichen Bündnispartner Gottes. Kommen die Zusammenhänge zwischen unserer Verantwortung für die natürliche Mitwelt, die Nachwelt, die sogenannte Dritte Welt und unserem Konsum- und Ernährungsverhalten in kirchlicher Rede und Praxis vor? Wissen Christinnen und Christen, dass ungehemmter Fleischkonsum und das Verlangen nach immer mehr davon zu immer kleineren Preisen führt und auch unsere Landwirtschaft zerstört? Unterstützen kirchliche Einrichtungen und Gemeinden eine ethisch zu verantwortende Tierhaltung, in der Puten, Hühner und Schweine eben nicht so bearbeitet werden wie andernorts Steinkohle abgebaut wird?

Ein verändertes Einkaufs- und Ernährungsverhalten müsste so selbstverständlich werden wie der sonntägliche Kirchgang, der die Feier des Neuen Bundes darstellt! Es gilt, das zerrüttete Verhältnis zu unseren Mitgeschöpfen tatkräftig und sinnenfällig zu heilen!

Wie der alte Adam sollte auch der neue Mensch Jesus vor seinem öffentlichen Wirken die Kraft und das Besondere des Tieres am eigenen Leib erfahren: »Er lebte bei den wilden Tieren, und die Engel dienten ihm«, heißt es im Markusevangelium (Markus 1,13). Und sein Auftrag gilt: »Verkündet das Evangelium allen Geschöpfen!« (Markus 16,15)

Anmerkungen

1   Vgl. hier und im Folgenden: JOHANNES KEPLER, Das Weltgeheimnis. Mysterium
    Cosmographicum, übers. und eingeleitet von M. Caspar, München 1936.

2   ISAAC NEWTON, Mathematische Prinzipien der Naturlehre, 1686, hrsg. von J. Ph.
    Wolfers, Berlin 1872, 510.

3   Vgl. hier und im Folgenden: RENÉ DESCARTES, Meditationes de prima philosophia
    – Meditationen über die erste Philosophie, 1641, hrsg. von E. Chr. Schröder, Ham-
    burg 1956.

4   GOTTFRIED WILHELM LEIBNIZ, Die Theodizee von der Güte Gottes, der Freiheit des
    Menschen und dem Ursprung des Übels, 1710, hrsg. von H. Herring, Darmstadt
    1985, S.217ff.

5   DERS., Vernunftprinzipien der Natur und der Gnade. Monadologie, 1714, hrsg. von
    H. Herring, Hamburg 1982, 60.

6   RENÉ DESCARTES, a. a. O., 91ff.

7   L'OSSERVATORE ROMANO, 1. 11. 1996, Wochenausgabe in deutscher Sprache, Nr. 44,
    2.

8   Vgl. hier und im Folgenden: MICHEL DE MONTAIGNE, Gesammelte Schriften Bd.
    III., hg. v. O. Flake/W. Weigang, München – Berlin 1915.

9   ROMANO GUARDINI, zitiert bei: A. Stüttgen, Transzendenz erfahren, in: Scheide-
    wege, Jahrgang 24, 1994/95, 132f.

10 CHARLES DARWIN, Die Abstammung des Menschen, Wiesbaden 1966, 139.

11 Vgl. hier und im Folgenden: KONRAD LORENZ, Die Rückseite des Spiegels, Mün-
    chen 1997.

12 Vgl. hier und im Folgenden: KONRAD LORENZ, Er redete mit dem Vieh, den Vögeln
    und Fischen, Wien 1974, 38f.

13 Nach ROBERT MEARNS YERKES und ADA WATTERSON YERKES, The great apes: A
    study of anthropoid life, New Haven 1929.

14 Übersetzung nach: MARTIN NOTH, in: Das vierte Buch Mose: Numeri. Übersetzt von Martin Noth (Das Alte Testament Deutsch 7), Göttingen 1973.

15 GERHARD VON RAD, Das theologische Problem des alttestamentlichen Schöpfungsglaubens, in: ders., Gesammelte Studien zum Alten Testament (ThB 8), München 1961, 211.

16 THOMAS VON AQUIN, Summe der Theologie, Heidelberg – Graz 1958, 123.

17 Vgl. hier und im Folgenden: IMMANUEL KANT, Grundlegung zur Metaphysik der Sitten (1785), in: ders., Kritik der praktischen Vernunft und Grundlegung zur Metaphysik der Sitten, hrsg. von W. Weischedel, Frankfurt a. M. 1982.

18 Vgl. hier und im Folgenden: PETER SINGER, Praktische Ethik, Stuttgart 1994.

19 Vgl. hier und im Folgenden: ARTHUR SCHOPENHAUER, Preisschrift über die Grundlage der Moral (1840), in: ders., Die beiden Grundprobleme der Ethik, hrsg. v. A. Hübscher, Zürcher Ausgabe der Werke Arthur Schopenhauers Bd. VI, Zürich 1977.

20 Vgl. hier und im Folgenden: MARTIN BUBER, Das Dialogische Prinzip, Heidelberg 1997.

21 MAURICE FRIEDMANN, Begegnung auf dem schmalen Grad. Martin Buber – ein Leben, Münster 1999, 421.

22 Vgl. hier und im Folgenden: JOSEF SUDBRACK, Die vergessene Mystik, Würzburg 1988, 83.

23 RAINER MARIA RILKE, Die erste Elegie, in: ders., Duineser Elegien. Die Sonette an Orpheus, Zürich 1991.

24 Vgl. hier und im Folgenden: JANE GOODALL, Grund zur Hoffnung, München 2001.

25 Vgl. hier und im Folgenden: ALOIS M. HAAS, Meister Eckhart, in: G. Ruhbach/ J. Sudbrack, Große Mystiker, Leben und Wirken, München 1984.

26 REINER KUNZE, Der Kuß der Koi. Prosa und Fotos, Frankfurt 2002. (Koi sind besondere asiatische Prachtkarpfen.)

27 JOHANNES VOM KREUZ, Geistlicher Gesang, zitiert in: Im Herzen der Städte. Lebensbuch der monastischen Gemeinschaften von Jerusalem, Freiburg – Basel – Wien 2000, 28.